Stephan Wirz, Philipp W. Hildmann (Hg.)

Soziale Marktwirtschaft: Zukunfts- oder Auslaufmodell?
Ein ökonomischer, soziologischer, politischer und ethischer Diskurs

TVZ

Schriften Paulus-Akademie Zürich, Band 6

Stephan Wirz
Philipp W. Hildmann (Hg.)

Soziale Marktwirtschaft: Zukunfts- oder Auslaufmodell?

Ein ökonomischer, soziologischer,
politischer und ethischer Diskurs

EDITION **N Z N**

BEI **T V Z**

Theologischer Verlag Zürich

Die Deutsche Bibliothek – Bibliografische Einheitsaufnahme
Die Deutsche Bibliothek verzeichnet diese Publikation in der Deutschen Nationalbibliografie;
detaillierte bibliografische Daten sind im Internet über http://dnb.ddb.de abrufbar

Umschlaggestaltung: Simone Ackermann, Zürich
Satz und Layout: Verena Schaukal, Paris
Druck: ROSCH-BUCH GmbH Scheßlitz

ISBN 978-3-290-20059-6

Inhaltsverzeichnis

Einleitung 7

I. Historische Einordnung 13

Ideengeschichtliche Trouvaillen: Protestantische Wurzeln und
katholische Zweige der Sozialen Marktwirtschaft
NILS GOLDSCHMIDT 15

Die Entstehung und Weiterentwicklung der Sozialen Marktwirtschaft
in Deutschland
THEO WAIGEL 33

II. Herausforderungen in Gegenwart und Zukunft 43

Die soziale Herausforderung: Wie die kapitalistische Marktwirtschaft
den gesellschaftlichen Zusammenhalt gefährdet
UELI MÄDER 45

Das Dilemma zwischen Sozialer Marktwirtschaft und Demokratie
Erfahrungen und Konsequenzen aus 60 Jahren Sozialer Marktwirtschaft
CHARLES B. BLANKART 63

Die globale Herausforderung: Verträgt sich die Soziale Marktwirtschaft
mit globalen Wirtschaftsstrukturen?
FRANZ BLANKART 77

Die unternehmensethische Herausforderung: Braucht die
Marktwirtschaft unternehmerische Führungspersonen mit neuem Ethos?
STEPHAN WIRZ 89

Die Sinn-Herausforderung: Gibt es für die Marktwirtschaft
noch etwas «jenseits von Angebot und Nachfrage»?
ALOIS BAUMGARTNER 103

Literaturverzeichnis 113

Autorenverzeichnis 121

Einleitung

Vor zwanzig Jahren, im Herbst 1989, schien mit dem Fall des Eisernen Vorhangs in Europa auch der das 20. Jahrhundert prägende West-Ost-Konflikt um das bessere politische und wirtschaftliche System entschieden. Es bestand zu diesem Zeitpunkt kein Zweifel mehr, dass die freiheitlich-demokratische und marktwirtschaftliche Ordnung nicht nur materiell, was Effizienz und Wohlstandsmehrung anbelangt, sondern auch ideell, im Hinblick auf den selbstbestimmten Lebensentwurf des Menschen, gegenüber dem kommunistisch-planwirtschaftlichen Gegenmodell obsiegt hatte. Aller Streit um politische und wirtschaftliche Ideologien schien sich für die Zukunft zu erübrigen, so dass Francis Fukuyama, ganz dieser Logik entsprechend, das Ende der (Ideologie-) Geschichte ankündigen konnte.[1]

Heute, zwei Dezennien später, je nach Prognose inmitten oder am Ende einer Wirtschaftskrise, die mit der «Mutter aller Wirtschaftskrisen» von 1929 verglichen wird, ist die Selbstsicherheit der liberalen Gesellschaften verflogen. Die Fehlentwicklungen und «Blasenbildungen» auf den New Economy- und den Finanz- und Immobilienmärkten, die «chronique scandaleuse» der Unternehmen – eingeleitet mit Bilanzmanipulationen im grossen Stil in der US-amerikanischen Firmenwelt zu Beginn des 21. Jahrhunderts bis hin zu den das gesellschaftliche Verständnis strapazierenden exzessiven Vergütungen des Top-Managements in börsenkotierten Unternehmen –, die massiven Staatsinterventionen zur Vermeidung eines generellen Wirtschaftskollapses sowie die wachsende Sorge um den gesellschaftlichen Zusammenhalt angesichts steigender Arbeitslosigkeit und Einkommensspreizung haben die marktwirtschaftliche Ordnung bis in ihre Fundamente erschüttert. Die Frage nach der richtigen Wirtschaftsordnung ist kein Tabu mehr. Die Marktwirtschaft ist wieder in Frage gestellt.

---

1 Francis FUKUYAMA, *The end of history and the last man*, New York 1992.

Marktwirtschaft ist jedoch nicht gleich Marktwirtschaft. So grenzt sich die «Soziale Marktwirtschaft» bewusst von paläoliberalen Ordnungsmodellen[2] ab und verknüpft (ordo-) liberale und soziale Elemente miteinander. Sie wurde 1948 zur Leitidee der deutschen Wirtschaftspolitik erkoren und strahlte in den folgenden Jahrzehnten auch auf andere europäische Staaten aus. Doch inwieweit kann dieses freiheitlich-soziale Wirtschaftskonzept aus der ersten Hälfte des 20. Jahrhunderts mit den sozialen, demokratischen und globalen Herausforderungen des 21. Jahrhunderts Schritt halten?

Sich zu vergewissern, was Sinn und Zweck einer marktwirtschaftlichen Ordnung sind, welche ideengeschichtlichen Wurzeln sie nähren und welche Herausforderungen auf sie in den nächsten Jahren warten, war das Ziel der Tagung «60 Jahre Soziale Marktwirtschaft: Zukunfts- oder Auslaufmodell» der Paulus-Akademie Zürich vom 18. November 2008, die in Zusammenarbeit mit der Hanns-Seidel-Stiftung in München und dem Zentrum für Religion, Wirtschaft und Politik der Universitäten Luzern und Zürich durchgeführt wurde. Der vorliegende Sammelband führt die an der Tagung gehaltenen Vorträge in einer aktualisierten und überarbeiteten Form zusammen. Entsprechend dem Tagungsdesign gliedert sich dieses Buch in einen retrospektiven und einen prospektiven Teil:

Der Volkswirtschafter und Theologe *Nils Goldschmidt* arbeitet in seinem ideengeschichtlichen Aufsatz das Grundanliegen der Väter der Sozialen Marktwirtschaft heraus, nicht nur eine effiziente Wirtschaftsordnung, sondern auch eine menschenwürdige Gesellschaftsordnung zu gestalten. Seine Recherche der Quellentexte dokumentiert auch den Einfluss theologischen und kirchlichen Nachdenkens über Wirtschaft und Gesellschaft auf den Gründerkreis der Sozialen Marktwirtschaft.

Wie diese wirtschaftswissenschaftlichen und -philosophischen Konzepte den Weg in die deutsche Nachkriegspolitik fanden und dann durch die Jahrzehnte mehr oder weniger stringent umgesetzt wurden, erläutert der Beitrag des ehemaligen deutschen Bundesfinanzministers *Theo Waigel*. Als «Finanzminister der deutschen Wiedervereinigung» geht er insbesondere auch auf die Chancen und

---

2 Vgl. dazu Alexander Rüstow, *Paläoliberalismus, Kollektivismus und Neoliberalismus in der Wirtschafts- und Sozialordnung*, in: Karl Forster (Hg.), *Christentum und Liberalismus*, München 1960, 149–178.

Probleme der Ausweitung dieser Wirtschaftsordnung auf das Gebiet der früheren kommunistisch-planwirtschaftlich organisierten DDR ein.

Den prospektiven Teil des Buches über die gegenwärtigen und zukünftigen Herausforderungen für die Soziale Marktwirtschaft leitet der Basler Soziologe *Ueli Mäder* mit seinem Aufsatz über «Die soziale Herausforderung: Wie die kapitalistische Marktwirtschaft den gesellschaftlichen Zusammenhalt gefährdet» ein. Er bezweifelt, dass eine marktwirtschaftliche Ordnung den Zusammenhalt der Gesellschaft bewerkstelligen kann, und verweist einerseits auf die tiefer werdende Kluft bei den verfügbaren Einkommen und Vermögen und andererseits auf das durch Individualismus und Konkurrenzdenken ausgehöhlte Interesse der Menschen für die gesellschaftlichen Lebenswelten im Nah- und Fernbereich. Da auch eine Soziale Marktwirtschaft für Mäder kein ausreichendes Korrektiv darstellt, plädiert er für einen Systemwechsel, das heisst für demokratische und freiheitlich-sozialistische Konzepte.

Im Gegensatz dazu hebt der Wirtschaftswissenschafter *Charles B. Blankart* nicht nur die wohlstandschaffende Funktion freier Märkte hervor, sondern er verweist auch darauf, dass die weltweite Armut mit der Ausbreitung der Marktwirtschaft signifikant reduziert werden konnte. Da sich die sozialen Erfolge manchmal jedoch erst mittel- und langfristig einstellen, neigt die Politik aus kurzfristigen Überlegungen heraus zu Marktinterventionen. So erweist sich die Demokratie Blankart zufolge als janusköpfig: Sie legitimiere die Soziale Marktwirtschaft, doch andererseits bestehe die Gefahr, dass Politiker aus populistischen Gründen die Spielregeln dieser Wirtschaftsordnung verletzen. Deshalb schlägt er eine Herauslösung der wichtigsten volkswirtschaftlichen Institutionen aus dem demokratischen Machtwettbewerb vor.

Verträgt sich die Soziale Marktwirtschaft mit globalen Wirtschaftsstrukturen? Der ehemalige Schweizer Staatssekretär und Direktor des Bundesamtes für Aussenwirtschaft *Franz Blankart* analysiert die betriebs-, volks- und weltwirtschaftlichen Veränderungen, die sich mit der Globalisierung ergeben haben. Mit Ueli Mäder stimmt Franz Blankart überein, dass das globale Auseinanderbrechen der Gesellschaft die grösste Gefahr des beginnenden 21. Jahrhunderts darstelle. Doch Blankarts Lösungsstrategie basiert auf einer Stärkung der freiheitlichen Ordnungspolitik, auch im Kampf gegen das organisierte Verbrechen und die Korruption, auf der nachhaltigen Förderung von Forschung und Entwicklung und auf der Ausbildung der politischen und wirtschaftlichen Führungselite zur «verantwortlichen Vernunft».

Die Bedeutung des Ethos für Führungskräfte betonten auch die Wirtschaftsvertreter an der Podiumsdiskussion[3] während der Tagung der Paulus-Akademie. Dieses Thema wird nun eigens in dieser Publikation abgehandelt durch den Aufsatz von *Stephan Wirz*: «Die unternehmensethische Herausforderung: Braucht die Marktwirtschaft unternehmerische Führungspersonen mit neuem Ethos?» Wirz hebt hervor, dass für die gesellschaftliche Akzeptanz der Marktwirtschaft die Glaubwürdigkeit ihrer Repräsentanten und Entscheidungsträger eine grosse Rolle spielt. Deshalb sollte zukünftig das Anforderungsprofil der Führungskräfte um moralische bzw. wirtschaftsphilosophische Qualitätselemente erweitert werden. Neben fachlichen und kommunikativen Voraussetzungen sollten diese Personen über ein kulturelles Grundverständnis von Wirtschaft und Unternehmertum, über einen Sinn für Leistung und Menschlichkeit, für gesellschaftliche Verantwortung und den Eigenwert der Natur sowie für Transzendenz (als Habitus der Selbstdistanzierung und Sinnsuche) verfügen.

Was sind Sinn und Zweck der Wirtschaft? Diese Frage begleitet den Leser, die Leserin durch das gesamte Buch. Sie wird zum Abschluss explizit vom Münchner Sozialethiker *Alois Baumgartner* aufgegriffen und in einer dreifachen Weise beantwortet: Das Sinnziel der Wirtschaft erfülle sich, wenn die Wirtschaft nicht nur die Bedürfnisse der Menschen befriedige, sondern auch die materiellen Voraussetzungen für die Kulturschaffung bereitstelle, wenn sie den freiheitlichen Selbstvollzug des Menschen gewährleiste und sich alle Menschen an den wirtschaftlichen Prozessen der Produktion und Konsumtion beteiligen können.

An diesem Mass hat sich jede Wirtschaftsordnung zu messen. Nach dem Urteil fast aller Beiträge hat die Soziale Marktwirtschaft von ihrem theoretischen Ansatz her genug Substanz, um sich auch im 21. Jahrhundert unter veränderten Bedingungen behaupten zu können. Die Verbindung von individueller Freiheit und Gemeinsinn hat nach Ansicht der Herausgeber nichts von ihrer Faszination und Aktualität eingebüsst.

Die Herausgeber danken allen, die zur Entstehung dieses Sammelbandes beigetragen haben. Besonderer Dank gebührt der Leiterin des Theologischen Verlags Zürich, Frau Marianne Stauffacher, für die Aufnahme des Manuskripts in das Verlagsprogramm der Edition NZN bei TVZ und dem Lektor, Herrn

---

3   Teilnehmer der Podiumsdiskussion waren Dr. Thomas Borer-Fielding, Unternehmensberater, Gerold Bührer, Präsident economiesuisse, Prof. Dr. Willibald J. Folz, Aufsichtsratsvorsitzender Münchener Hypothekenbank, Christian Ramthun, Wirtschaftswoche, Berlin, und als Diskussionsleiter Stefan Grotefeld, Universität Zürich, sowie Stephan Wirz, Paulus-Akademie Zürich.

Markus Zimmer, für die ausgezeichnete Zusammenarbeit. Herausgeber und Verlag danken der römisch-katholischen Körperschaft des Kantons Zürich für die finanzielle Unterstützung bei der Drucklegung dieses Buches.

Zürich/München, im Dezember 2009

Stephan Wirz
Philipp W. Hildmann

I. Historische Einordnung

Ideengeschichtliche Trouvaillen: Protestantische Wurzeln und katholische Zweige der Sozialen Marktwirtschaft

NILS GOLDSCHMIDT

1. Einleitung

Es gehört zu den stereotypen Vorwürfen gegenüber dem Konzept der Sozialen Marktwirtschaft in Deutschland, dass das «Soziale» lediglich schmückendes Beiwerk zu einer im Kern liberalen Marktordnung sei. Die Formel «Soziale Marktwirtschaft» gilt vielen bestenfalls als ein geschickter Einfall, die harte Realität des Marktes mit den in Deutschland zu Beginn des 20. Jahrhunderts dominanten romantischen Traditionen sprachlich zu versöhnen;[1] eine Formel, die jedoch für viele ein uneingelöstes, soziales Versprechen geblieben ist oder aber – zumindest für das liberale Lager – letztlich ohne inhaltlichen Belang ist, da der Markt ja schon aus sich heraus sozial ist und es keiner weiteren sozialen Massnahmen bedarf.

Wie auch immer nun dieser Befund für die heute real existierende Soziale Marktwirtschaft aussehen mag, zumal in Zeiten der Krise, aus *theoriegeschichtlicher* Sicht, die im Folgenden eingenommen werden soll, ist der Befund eindeutig: Den Gründungsvätern und geistigen Vordenkern der Sozialen Marktwirtschaft ging es um mehr als eine lediglich effiziente *Wirtschafts-*

---

1   Diese sprachliche Versöhnung war aber durchaus auch ein wesentlicher Grund für den Erfolg des Begriffs. Hierauf hat überzeugend Joachim Zweynert hingewiesen: «Das Konzept der Sozialen Marktwirtschaft berücksichtigte von Anfang an das Problem, daß die in Deutschland vorherrschenden holistischen Denkmuster ein ungünstiges Umfeld für den Kapitalismus darstellten und daher Anstrengungen nötig waren, um die Akzeptanz einer marktlichen Ordnung zu verbessern. Ein entscheidender Faktor seines Erfolges ist darin zu sehen, daß die ‹irenische Formel› Soziale Marktwirtschaft sowohl westliche als auch romantische Elemente enthält und deshalb geeignet war, eine Brücke zwischen traditionellen, antikapitalistischen Denkmustern und der angestrebten kapitalistischen Ordnung zu schlagen.» In: Joachim ZWEYNERT, *Wirtschaftskultur, Transformation und ökonomische Ordnung in Rußland.* «Ganzheitliche Marktwirtschaft» als irenische Formel?, in: Gerold BLÜMLE/Nils GOLDSCHMIDT/Rainer KLUMP/Bernd SCHAUENBERG/ Harro VON SENGER (Hg.), *Perspektiven einer kulturellen Ökonomik* (Kulturelle Ökonomik ; 1), Münster 2004, 478 f.

ordnung, sie zielten zugleich immer auch auf eine menschenwürdige *Gesell-schaftsordnung.* Ludwig Erhard, erster Wirtschaftsminister der Bundesrepublik Deutschland, hat auf den ersten Seiten seines Bestsellers «Wohlstand für alle» von 1957 unter der Überschrift «Der rote Faden» dieses Anliegen in klaren Worten festgehalten:

> «Am Ausgangspunkt stand der Wunsch, über eine breitgeschichtete Massenkaufkraft die *alte konservative soziale Struktur endgültig zu überwinden.* [...] Auf dem Wege über den Wettbewerb wird – im besten Sinne des Wortes – eine *Sozialisierung des Fortschritts und des Gewinns* bewirkt und dazu noch das *persönliche Leistungsstreben* wachgehalten.»[2]

In dieser kurzen Passage sind die drei wesentlichen Ziele der Sozialen Marktwirtschaft festgehalten, die zugleich dessen gesellschaftspolitische Dimension deutlich werden lassen:[3]

– Eine *strukturelle Umgestaltung* der Gesellschaft: Zielpunkt ist eine Ordnung des Gemeinwesens, in dem prinzipiell allen die gleichen Chancen jenseits von Klassenschranken zukommt.

– Eine *Sozialisierung von Fortschritt und Gewinn*, verstanden als Einkommensmobilität und die Teilhabe an wirtschaftlicher und technischer Entwicklung. Erhards «Wohlstand für alle» ist nicht als ein allein materieller Konsumismus zu begreifen, sondern als ein verteilungspolitisches Projekt, das jeder und jedem die Möglichkeit eröffnen soll, an den wirtschaftlichen und gesellschaftlichen Errungenschaften der Moderne teilzuhaben.

– Die *Förderung des persönlichen Leistungsstrebens* als das Anliegen, dem Einzelnen Entfaltungsspielräume zu eröffnen, um sich entsprechend der jeweiligen Fähigkeiten und Ziele in wirtschaftliche und gesellschaftliche Prozesse einbringen zu können.

Markt und Wettbewerb sind im Konzept der Sozialen Marktwirtschaft als ein *Mittel* und nicht als das *Ziel* der gesellschaftlichen Gestaltung zu verstehen – einer Gesellschaft, die nicht dem Interesse einzelner wirtschaftlicher Akteure dienen soll, sondern prinzipiell allen die gleichen Chancen und Entwicklungsmöglichkeiten zubilligen will. In den Worten Alfred Müller-Armacks: «Die Soziale Marktwirtschaft ist der geschichtliche Versuch, alle

---

2   Ludwig ERHARD, *Wohlstand für alle*, Düsseldorf 2000 (^{1}1957), 7 f. (Hervorh. v. Vf.).

3   Siehe hierzu und zum Folgenden: Nils GOLDSCHMIDT, *Die Geburt der Sozialen Marktwirtschaft aus dem Geiste der Religion – Walter Eucken und das soziale Anliegen des Neoliberalismus*, in: Michael S. ASSLÄNDER/Peter ULRICH (Hg.), *60 Jahre Soziale Marktwirtschaft. Illusionen und Reinterpretationen einer ordnungspolitischen Integrationsformel*, Bern/Stuttgart/Wien 2009, 27–44.

Gruppen auf das engste an Ergebnisse und Erfolge des expandierenden Marktes anzuschließen.»[4]

In den folgenden Abschnitten soll anhand einiger Ansichten der vier Pioniere der Sozialen Marktwirtschaft Alfred Müller-Armack, Ludwig Erhard, Walter Eucken und Wilhelm Röpke aufgezeigt werden, wie grundlegend für sie alle ein Konzept war, das Wirtschaft und Gesellschaft miteinander versöhnt.[5] Zugleich soll deutlich werden, dass allen ein christlich-protestantischer Glaube eine wichtige Quelle für ihr gesellschaftspolitisches Engagement war. Wie zum Abschluss gezeigt werden soll, entwickelte sich daraus ein Verständnis von Wirtschaft und Gesellschaft, das durchaus in der Nähe zur katholischen Soziallehre steht.

2. Alfred Müller-Armack und die Idee der Sozialen Irenik

Es gehört zu den schöneren Anekdoten um die Entstehung der Sozialen Marktwirtschaft, dass der Protestant Alfred Müller-Armack Idee und Begriff der Sozialen Marktwirtschaft hinter katholischen Klostermauern erdacht haben soll. Die Forschungsstelle für Allgemeine und Textile Marktwirtschaft der Universität Münster, die Müller-Armack seit 1941 leitete, war im Juli 1943 aus dem von Bomben bedrohten Münster in das an der holländischen Grenze gelegene Herz-Jesu-Kloster in Vreden-Ellewick verlegt worden. Hier hat Müller-Armack sein im Dezember 1946 abgeschlossenes Werk «Wirtschaftslenkung und Marktwirtschaft» geschrieben, in dem erstmals in einer Publikation der Begriff «Soziale Marktwirtschaft» Verwendung findet. Die Erzählung über die Erfindung des Begriffs geht ungefähr so: «Im zweiten Stock fliegt eine Tür auf, der Hausgast rennt die steinernen Stufen hinab und wedelt mit einem Manuskript. Auf dem Treppenabsatz bleibt er stehen, und in den Flur hinein ruft er: ‹Jetzt hab' ich es. Es muss *Soziale Marktwirtschaft* heißen! Sozial mit großem *S.*»[6] Wie viel Wahrheitsgehalt nun dieser Erzählung zugebilligt werden kann, muss hier

---

4   Alfred MÜLLER-ARMACK, *Die Soziale Marktwirtschaft als Friedensordnung* [1972], wieder abgedruckt in: DERS., *Genealogie der Sozialen Marktwirtschaft*, Bern/Stuttgart 1981, 162.

5   Zu den Biografien und Grundlegungen dieser und weiterer ordoliberaler Denker vgl. Nils GOLDSCHMIDT/Michael WOHLGEMUTH (Hg.), *Grundtexte zur Freiburger Tradition der Ordnungsökonomik*, Tübingen 2008.

6   Cornelia SCHMERGAL, *Deutsche Wirtschaftsordnung*: Ersonnen hinter Klostermauern, http://www.wiwo.de/politik/deutsche-wirtschaftsordnung-ersonnen-hinter-klostermauern-297838/ (11.08.2009). Siehe auch Alfred MÜLLER-ARMACK, *Wirtschaftspolitik als Beruf* [1969], wieder abgedruckt in: Jürgen SCHNEIDER/Wolfgang HARBRECHT (Hg.), *Wirtschaftsordnung und Wirtschaftspolitik in Deutschland (1933–1993)* (Beiträge zur Wirtschafts- und Sozialgeschichte ; 63), Stuttgart 1996, 290.

offenbleiben,[7] es steht aber ausser Frage, dass Müller-Armack mit dem Konzept der Sozialen Marktwirtschaft mehr bezweckte als eine Kompromissformel für Politik und Öffentlichkeit zu ersinnen. Das «Soziale» ist ihm vielmehr eine Chiffre für die in einer Gesellschaft vorherrschenden und zugleich geforderten Grundhaltungen und Werte. In seiner Einleitung zu «Wirtschaftslenkung und Marktwirtschaft» schreibt er: «Die Wiederaufnahme der Grundsätze vernünftigen Wirtschaftens schließt keineswegs den Verzicht auf eine aktive und unseren sozialen und ethischen Überzeugungen entsprechende Wirtschaftspolitik ein.»[8] Im Anschluss an die Wirtschaftsstilforschung der historischen Schule versteht Müller-Armack die Soziale Marktwirtschaft als einen Stilgedanken.[9] 1952, als die ersten Erfolge der wirtschaftlichen Erholung im Nachkriegsdeutschland erkennbar und spürbar waren, führt er hierzu aus:

> «Wenn auch gelegentlich in Deutschland die Auffassung entstand, es sei im wesentlichen nur die bewußte Ausgestaltung der Wettbewerbsordnung vonnöten, um zugleich damit auch der sozialen Problematik Herr zu werden, so dürfte man doch heute klarer sehen, daß eine solche instrumentale Auffassung der hier zu bewältigenden Aufgabe nicht gerecht wird. Es handelt sich nicht nur um die Gestaltung einer ökonomischen Ordnung, vielmehr bedarf es der Eingliederung dieser Ordnung in einen ganzheitlichen *Lebensstil*.»[10]

Programmatisch fordert Müller-Armack also die Versöhnung von wirtschaftlicher Effizienz und gesellschaftlichem Wollen, die zugleich auf einer Versöhnung unterschiedlicher Vorstellungen innerhalb der Gesellschaft beruhen muss. Diese Versöhnung auf gesellschaftlicher Ebene ist der Leitgedanke der von ihm geforderten Idee einer «sozialen Irenik». Abgeleitet vom griechischen Begriff εἰρήνη

---

7   Zu weiteren Anekdoten um die Entstehung des Begriffs siehe Nils GOLDSCHMIDT/Michael WOHLGEMUTH, *Social Market Economy*: origins, meanings and interpretations, in: Constitutional Political Economy 19 (2008), 262–264. Siehe auch: Rainer KLUMP, *Wege zur Sozialen Marktwirtschaft – Die Entwicklung ordnungspolitischer Konzeptionen in Deutschland vor der Währungsreform*, in: Erich W. STREISSLER (Hg.), *Studien zur Entwicklung der ökonomischen Theorie XVI*, Berlin 1997, 148–150.

8   Alfred MÜLLER-ARMACK, *Wirtschaftslenkung und Marktwirtschaft* [1947], wieder abgedruckt in: DERS., *Wirtschaftsordnung und Wirtschaftspolitik*, Bern/Stuttgart 1976, 20.

9   Siehe hierzu z. B. Alfred MÜLLER-ARMACK, *Genealogie der Sozialen Marktwirtschaft*. Zur Interpretation z. B. Bertram SCHEFOLD, *Vom Interventionsstaat zur Sozialen Marktwirtschaft*. Der Weg Alfred Müller-Armacks, in: Rolf H. HASSE/Friedrun QUAAS (Hg.), *Wirtschaftsordung und Gesellschaftskonzept*. Zur Integrationskraft der Sozialen Marktwirtschaft, Bern/Stuttgart/Wien 2002, 47–87.

10 Alfred MÜLLER-ARMACK, *Stil und Ordnung der Marktwirtschaft* [1952], wieder abgedruckt in: DERS., *Wirtschaftsordnung und Wirtschaftspolitik*, Bern/Stuttgart 1976, 237.

(Frieden) geht es darum, mittels einer sozialen Irenik Möglichkeiten für eine «die Weltanschauungen verbindende Sozialidee»[11] aufzuweisen. Für seine Zeit sieht Müller-Armack in den Strömungen von Katholizismus, Protestantismus, dem evolutionistischen Sozialismus und dem Liberalismus die vorherrschenden gesellschaftspolitischen Richtungen, die es miteinander zu verbinden gilt. Nicht um die einzelnen Positionen einzuebnen, sondern – so die Hoffnung von Müller-Armack – um in gegenseitiger Achtung an dem Problem der sozialen Gestaltung mitzuwirken: «So kann unsere Hoffnung auf eine mögliche Einheit nur die der Irenik sein, einer Versöhnung, die das Faktum der Gespaltenheit als gegeben nimmt, aber ihm gegenüber die Bemühung um eine gemeinsame Einheit nicht preisgibt.»[12] Hieraus erwächst dann das Fundament für eine wahrhaft Soziale Marktwirtschaft:

> «Vielmehr bedarf jede freie Ordnung dazukommender Sicherungen, um ihr eine den heutigen sittlichen Überzeugungen entsprechende Gestalt zu geben. Irenisches Denken bedeutet auch hier, in vielfacher Perspektive denken zu können, sich des steten, unabdingbaren Zieles vergewissern und zugleich mit den technischen Prinzipien vertraut zu sein, nach denen man soziale Ziele realiter erreicht.»[13]

In diesem Sinne – und damit lassen sich Soziale Marktwirtschaft und Soziale Irenik miteinander verbinden – kann man die Soziale Marktwirtschaft selbst als «irenische Formel» verstehen, «die versucht, die Ideale der Gerechtigkeit, der Freiheit und des wirtschaftlichen Wachstums in ein vernünftiges Gleichgewicht zu bringen»[14].

---

11 Alfred Müller-Armack, *Soziale Irenik* [1950], wieder abgedruckt in: DERS., *Religion und Wirtschaft*, Bern/Stuttgart 1981, 559. Zur Interpretation siehe die sorgfältige Analyse von Friedrun Quaas, *Alfred Müller-Armacks Idee der «Sozialen Irenik» und ihre Anwendungsmöglichkeiten*, in: Rolf H. Hasse/Friedrun Quaas (Hg.), *Wirtschaftsordung und Gesellschaftskonzept*. Zur Integrationskraft der Sozialen Marktwirtschaft, Bern/Stuttgart/Wien 2002, 207–225.

12 Alfred Müller-Armack, *Soziale Irenik*, 563.

13 Ebd.

14 Ders., *Der Moralist und der Ökonom. Zur Frage der Humanisierung der Wirtschaft* [1969], wieder abgedruckt in: DERS., *Genealogie der Sozialen Marktwirtschaft*, Bern/Stuttgart 1981, 131. Es ist hier nicht der Ort zu diskutieren, inwiefern Müller-Armacks Position letztlich doch auf einem Antagonismus von Freiheit und Gerechtigkeit beruht, der in dieser Form bei den Freiburger Ordoliberalen nicht zu finden ist. Vgl. hierzu Gerold Blümle/Nils Goldschmidt, *Sozialpolitik mit dem Markt*. Sozialstaatliche Begründung und wirtschaftliche Ordnung, in: Die Neue Ordnung 58 (2004), 180–193; Viktor Vanberg, *Soziale Sicherheit. Müller-Armacks «Soziale Irenik» und die ordoliberale Perspektive*, in: Rolf H. Hasse/Friedrun Quaas (Hg.), *Wirtschaftsordung und Gesellschaftskonzept*. Zur Integrationskraft der Sozialen Marktwirtschaft, Bern/Stuttgart/Wien 2002, 227–260; Jürgen Lange-von Kulessa/Andreas Renner, *Die Soziale*

Der Bezug zur Religion im Konzept der Sozialen Irenik ist nicht nur darin zu sehen, dass zwei der vier genannten Strömungen religiöse sind, sondern er ist auch deswegen begründet – hier ganz im Sinne von Max Weber –, dass für Müller-Armack die europäische Moderne ohne ihre christlichen Wurzeln unverständlich bleibt. Auch das «Jahrhundert ohne Gott»[15] ist im Innersten auf einem «Gerüst der ererbten Weltvorstellung»[16] aufgebaut: «Alle Säkularisation bleibt dem Glaubensboden verhaftet, dem sie entstammt.»[17] Zudem bleibt es für Müller-Armack unhintergehbar, dass der «Mensch in seinem Wesen nach derart auf die Erfahrung einer religiösen Transzendenz angelegt [ist], daß er zwar zum Glaubensabfall innerlich befähigt ist, aber nicht dazu, in seiner immanenten Welt den Akt des Transzendenten auszuschalten.»[18]

So ist der Mensch aufgefordert, «höchste geistige Werte» anzuerkennen, statt «in einem wie auch immer gearteten Wirtschaftsprogramm letzte Lebenserwartungen erfüllt sehen zu wollen»[19]. Nur von der Ethik her, dies die feste Überzeugung von Müller-Armack, kann eine gesellschaftlich wünschenswerte Ordnung der Wirtschaft ihren Ausgangspunkt nehmen: «Im Blick auf die dem Wirtschaftlichen überlegenen menschlichen Werte gewinnen wir den Standort für eine Wirtschaftsethik und wirtschaftspolitische Ordnung im tieferen Sinne.»[20] Die Suche nach einer Versöhnung von Wirtschaft und Gesellschaft sowie der irenischen Verbindung unterschiedlicher gesellschaftlicher Entwürfe wird somit für Müller-Armack zugleich zu einer ethischen Verpflichtung des Christen: «Es sieht der evangelische Christ in der Vielheit der praktischen Lösungsversuche den Auftrag zu immer erneuter Prüfung der eigenen und fremden Haltung.»[21]

Marktwirtschaft Alfred Müller-Armacks und der Ordoliberalismus der Freiburger Schule – Zur Unvereinbarkeit zweier Staatsauffassungen, in: ORDO 49 (1998), 79–104.

15 Alfred MÜLLER-ARMACK, *Das Jahrhundert ohne Gott*. Zur Kultursoziologie unserer Zeit [1948], wieder abgedruckt in: DERS., *Religion und Wirtschaft*, Bern/Stuttgart 1981, 371–512.

16 A. a. O. 391.

17 Ebd.

18 A. a. O. 406.

19 A. a. O. 506.

20 A. a. O. 406.

21 DERS., *Die heutige Gesellschaft nach evangelischem Verständnis*. Diagnose und Vorschläge zu ihrer Gestaltung [1950], wieder abgedruckt in: DERS., *Genealogie der Sozialen Marktwirtschaft*, Bern/Stuttgart 1981, 122.

3. Ludwig Erhard und das rechte Mass

Mit geradezu pathetischen Worten beschloss Ludwig Erhard seine mit «Freiheit und Verantwortung» betitelte Ansprache auf dem 9. Bundestag des Evangelischen Arbeitskreises der CDU im Juni 1961 in Hamburg: «Wir müssen stehen und wir müssen die Stärke aufbringen, für unsere Überzeugung einzustehen gegen alle Verleumdungen. Wir müssen zeugen für ein Leben, so wie es uns aus christlicher Gesinnung aufgegeben ist.»[22]

In jenen Jahren war Ludwig Erhard um eine Politik des Masshaltens bemüht, man könnte fast sagen, er war davon getrieben. Der beträchtliche Konjunkturaufschwung, der sich nach der Korea-Krise in der jungen Bundesrepublik Deutschland entwickelte – das Soziaprodukt nahm 1954 um 8% und 1955 sogar um 12% zu bei gleichzeitig sinkenden Arbeitslosenzahlen – war für den damaligen Bundeswirtschaftsminister Anlass zur Warnung, bei den Lohnabschlüssen masszuhalten, um die wirtschaftliche Entwicklung nicht zu gefährden. Hierzu initiierte er Verhandlungen sowohl mit den Gewerkschaften wie auch mit den Arbeitgebern: Im Februar 1955 forderte er die Unternehmer auf, Lohnerhöhungen entsprechend dem Produktivitätsfortschritt vorzunehmen. Von den Gewerkschaften verlangte er, keine neuen Lohnforderungen zu erheben. Diese Appelle verhallten zwar nicht ungehört, stiessen jedoch bereits ab Frühjahr 1956 auf Widerstand, nicht zuletzt von Seiten des Kanzlers Konrad Adenauer. So schrieb Adenauer 1956 an seinen Minister: «Aber verzeihen Sie mir, wenn ich Ihnen sehr offen sage, die von Ihnen vorgeschlagenen Einwirkungen werden kein[en] Erfolg haben.»[23] Adenauer sah es als fragwürdig an, zunächst zum Wohlstand zu ermuntern und «jetzt plötzlich Zurückhaltung und Enthaltsamkeit zu predigen»[24].

Doch Erhard liess sich durch diese Kritik nicht beirren, sondern untermauerte seine zunächst konjunkturpolitisch motivierten Masshalteappelle mehr und mehr auch mit moralischen Überlegungen, so auch in der oben genannten Rede. Masshalten ist für Erhard in gewisser Weise das notwendige Gegenstück zu einem sinnerfüllten Leben:

> «Ich glaube, daß heute, und zwar besonders auch unsere Arbeiter und Angestellten, also Menschen, die durchaus noch offene Konsumwünsche

---

22 Ludwig ERHARD, *Freiheit und Verantwortung* [1961], wieder abgedruckt in: DERS., *Deutsche Wirtschaftspolitik*. Der Weg der Sozialen Marktwirtschaft, Düsseldorf/Wien/Frankfurt a. M., 595.

23 Zitiert nach Volker HENTSCHEL, *Ludwig Erhard*. Ein Politikerleben, München/Landsberg am Lech 1996, 247.

24 Zitiert nach ebd.

haben, die gleiche Frage sogar häufiger bewegt. Sie sagen sich: ‹Jetzt haben wir's wieder geschafft, haben ein Fernsehgerät, sind auch zu einem Auto gekommen; wir haben soziale Geltung erlangt.› Dies alles sind ja die äußeren Erscheinungen des Wohlstandes, aber die andere ist die, daß, wenn ein Bedürfnis befriedigt ist, die Wirtschaft schon wieder anderes und Neues bereitstellt, dem die Menschen nachjagen können. Soll das nun so gehen bis ans Ende unseres Lebens, ist das nicht doch eine ziemlich fade Angelegenheit?»[25]

Erhard ging es dabei nicht um die Eingrenzung marktlicher Dynamiken (zumal seine Masshalteappelle ja durchaus auch aus Sorge um die wirtschaftliche Entwicklung motiviert waren). Wichtig – zumindest im vorliegenden Zusammenhang – ist vielmehr die Verknüpfung der Erhardschen Mahnungen mit einer tugendethischen Komponente. Einen Höhepunkt erreichten Erhards Appelle zum Masshalten in einer Rundfunkansprache vom März 1962, angekündigt unter dem bezeichnenden Titel «Maßhalten!». Im Verkündigungston wandte sich Erhard an das deutsche Volk:

«Auch aus diesem Grunde muß das deutsche Volk – und ich meine da buchstäblich jeden einzelnen – wissen, wo wir stehen, ja, richtiger wäre es noch zu sagen, wohin wir taumeln und welche Gefahren uns bedrohen. Noch ist es Zeit, aber es ist höchste Zeit, Besinnung zu üben und dem Irrwahn zu entfliehen […]. Während diese [anderen Länder] sich kraftvoll anschicken, durch zuchtvolle Ordnung über die Sünden ihrer Vergangenheit hinwegzufinden, wissen wir nichts Besseres, als in der so oft angesprochenen Maßlosigkeit unseres nationalen Charakters das selbstverdiente Glück wieder zu zerstören.»[26]

Auch später als Bundeskanzler forderte Erhard immer wieder zum Masshalten auf (so z. B. bei der Frage nach Diätenerhöhungen und Kriegsopferentschädigungen), aber seine Mahnungen entfalteten keine Wirkung – nicht zuletzt sicher auch deshalb, da man dem Vater des Wirtschaftswunders die Attitüde zur Bescheidenheit kaum wirklich abnahm. Es bleibt eigentümlich: So wenig man seine Appelle hören wollte, umso lieber wurden sie später als dringend notwendig herausgestellt. Der damalige Bundespräsident Walter Scheel führte zum Todestag Erhards am 11. Mai 1977 aus: «Aber seinen Mahnruf, Maß zu halten, den er bis ans Ende seines Lebens nicht müde wurde zu wiederholen, mochte man ihm nicht gerne abnehmen. Man sagte Maßhalteappelle seien nichts Konstruktives,

25 Ludwig ERHARD, *Freiheit und Verantwortung*, 594.
26 Ludwig ERHARD, *Maßhalten!* Rundfunkansprache, 21. März 1962, wieder abgedruckt in: DERS., *Gedanken aus fünf Jahrzehnten*. Reden und Schriften, Düsseldorf/Wien/New York 1988, 730 f. 736.

was eine Wirtschaft, die zum Selbstzweck geworden war, weiter voranbrächte. Aber grade das wollte er nicht: eine Wirtschaft, die zum Selbstzweck wird. Er wollte eine Wirtschaft, die dem Menschen dient, eine soziale Wirtschaft.»[27]

Um es zusammenzufassen: Das rechte Mass, das Erhard von seinen Mitbürgern einforderte, galt ihm nicht als Gegensatz zur wirtschaftlichen Dynamik von Marktwirtschaften. Ganz im Gegenteil sah er darin eine Grundlage dafür, dass sich die Gesellschaft nicht zu einer blossen Gesellschaft des Konsums entwickelt, sondern den Menschen auch einen Sinn im Leben zu geben vermag. Diese tugendethische Basis war für Erhard durchaus mit christlichen Werten verknüpft, auch wenn er sich weit weniger als andere Vordenker der Sozialen Marktwirtschaft in seinen Schriften und Reden auf religiöse oder kirchliche Quellen bezog.[28] Dennoch war für ihn die Soziale Marktwirtschaft die Wirtschaftsordnung, die allein dem Anspruch einer auch christlichen Gesellschaftsordnung gerecht werden konnte. Unter dem Titel «Wirtschaftspolitik als Teil der Gesellschaftspolitik» formulierte er 1960: «Fast möchte ich sagen, die menschliche Natur braucht den inneren Ausgleich, das seelische Gleichgewicht, die Versöhnung zwischen zweckhaften Formen des Berufslebens in der Massengesellschaft und dem Verlangen nach Ruhe und Geborgenheit in geistig-seelischen Zuordnungen.»[29] Und im Sinne der Sozialen Irenik fährt er fort: «Die Soziale Marktwirtschaft ist überfordert, wenn ihr die Verantwortung aufgelastet werden soll, die äußeren Lebensformen unserer Gegenwart zu sprengen und nach einem Wunschbild zu formen. Wohl aber obliegt ihr die Verpflichtung, den Geboten einer christlichen Gesellschaftspolitik gerecht zu werden und sich mit dieser zu einer höheren Einheit zu verbinden.»[30]

4. Walter Eucken und die Ordnung der Wirtschaft

«Die geschichtliche Entwicklung», so Walter Eucken in einem Aufsatz von 1932 mit dem bezeichnenden Titel «Religion – Wirtschaft – Staat», «wird nach Scheitern aller anderen Versuche mit Notwendigkeit zu dem Ergebnis führen

---

27 Zitiert nach Karl HOHMANN (Hg.), *Ludwig Erhard. Erbe und Auftrag. Aussagen und Zeugnisse*, Düsseldorf/Wien 1977, 24 f.

28 Siehe zu diesem Punkt und zum Thema allgemein: Bernhard LÖFFLER, *Religiöses Weltbild und Wirtschaftsordnung*. Zum Einfluss christlicher Werte auf die Soziale Marktwirtschaft, in: Hans ZEHETMAIR (Hg.), *Politik aus christlicher Verantwortung*, Wiesbaden 2007, 110–124.

29 Ludwig ERHARD, *Wirtschaftspolitik als Teil der Gesellschaftspolitik* [1960], wieder abgedruckt in: DERS., *Deutsche Wirtschaftspolitik*. Der Weg der Sozialen Marktwirtschaft, Düsseldorf/Wien/Frankfurt a. M., 480.

30 Ebd.

müssen, daß der umfassende Sinnzusammenhang den Tätigkeiten des einzelnen Menschen nur von der Religion, vom Glauben an Gott wieder verliehen werden kann. Erst dann wird auch auf sozialem und politischem Gebiet wieder eine gewisse Beruhigung eintreten.»[31] Walter Eucken, der als Haupt der Freiburger Schule des Ordoliberalismus auch heute noch in politischen Sonntagsreden hoch im Kurs steht, hat wie kein anderer der Gründungsväter der Sozialen Marktwirtschaft die Grundsätze einer auf klaren Prinzipien beruhenden Wirtschaftsordnung herausgearbeitet. Doch auch ihm ging es immer um mehr als eine allein funktionsfähige und effiziente Marktwirtschaft, vielmehr war sein Credo die Suche nach einer Wirtschaftsordnung, die zugleich auch menschenwürdig ist.[32] Eucken stellt seine Theorie wirtschaftlicher und gesellschaftlicher Ordnung, seine *Ordo*-Idee, unter den Anspruch, der Natur- oder Wesensordnung zu entsprechen. Zielpunkt ist eine prinzipiengeleitete Wirtschaftspolitik, die mit einer idealen Ordnung übereinstimmt.[33] Das Programm einer solchen nationalökonomischen Wissenschaft, die mehr sein will als eine Mechanik der Güterbewegungen, ist für Eucken auf die Wahrheit selbst zu gründen, wie er mit einer wörtlichen Übernahme aus Edmund Husserls erstem Band der «Logischen Untersuchungen» in seinem grundlegenden Werk von 1940 «Die Grundlagen der Nationalökonomie» deutlich gemacht hat: «Die Wissenschaft will das Mittel sein, unserem Wissen das Reich der Wahrheit, und zwar im größtmöglichen Umfang, zu erobern, aber das Reich der Wahrheit ist kein ungeordnetes Chaos, es herrscht in ihm Einheit der Gesetzlichkeit.»[34]

Neben diesem letztlich metaphysisch begründeten Wissenschaftsprogramm mit dem Ziel, die Ordnung der Wirtschaft aufzufinden, war für Eucken der christliche Glaube auch persönlich ein Ansporn für sein Handeln und Den-

---

31 Walter EUCKEN, *Religion – Wirtschaft – Staat*. Zur Problematik des Gegenwartsmenschen, in: Die Tatwelt (1932) 8, 87.

32 Vgl. DERS., *Die Grundlagen der Nationalökonomie*, Berlin u. a. 1989 (¹1940), 240.

33 Siehe hierzu ausführlich Nils GOLDSCHMIDT, *Entstehung und Vermächtnis ordoliberalen Denkens. Walter Eucken und die Notwendigkeit einer kulturellen Ökonomik*, Münster 2002, 101–108. Walter Eucken begründet wissenschaftstheoretisch seine Überlegungen auf der Philosophie seines Vaters, des Philosophen und Literaturnobelpreisträgers von 1908, Rudolf Eucken, und auf der Phänomenologie Edmund Husserls, mit dem er in Freiburg freundschaftlich verbunden war. Siehe hierzu ausführlich: Hans-Helmuth GANDER/Nils GOLDSCHMIDT/Uwe DATHE (Hg.), *Phänomenologie und die Ordnung der Wirtschaft*. Edmund Husserl – Rudolf Eucken – Walter Eucken – Michel Foucault, Würzburg 2009.

34 Walter EUCKEN, *Die Grundlagen der Nationalökonomie*, 230 bzw. Edmund HUSSERL, *Logische Untersuchungen*. Erster Band: Prolegomena zur reinen Logik (Text nach Husserliana XVIII), Hamburg 1992 (Erstveröffentlichung 1900), 31. Siehe hierzu Nils GOLDSCHMIDT, *Entstehung und Vermächtnis ordoliberalen Denkens*, 54–65.

ken.[35] Sehr anschaulich zeigt sich dies in einem Dokument, das während des Zweiten Weltkriegs als Anhang zur Denkschrift des oppositionellen Freiburger Bonhoeffer-Kreises unter der Mitarbeit von Eucken entworfen wurde.[36] Ziel der Denkschrift dieses Kreises, der sich aufgrund einer Anfrage des Berliner Pfarrers Dietrich Bonhoeffer im Auftrag der sogenannten «Vorläufigen Leitung der Bekennenden Kirche» im Spätsommer 1942 bildete[37], war die Erarbeitung einer Programmschrift über die Grundsätze einer auf christlicher Grundlage ruhenden Aussen- und Innenpolitik. Die Schrift sollte nach Abschluss des Krieges zum einen als Grundlage für Beratungen auf einer geplanten Weltkirchenkonferenz dienen, zum anderen dazu, um den Alliierten einen Einblick in die Vorstellungen protestantischer Kreise über das zukünftige Deutschland zu vermitteln. Der Anhang «Wirtschafts- und Sozialordnung» zur Denkschrift, den Eucken mit seinen beiden Freiburger Kollegen Constantin v. Dietze und Adolf Lampe gemeinsam formulierte, enthält vieles von dem, was für die Freiburger Schule charakteristisch geworden ist und sich später im Konzept der Sozialen Marktwirtschaft wiederfindet.[38] Dabei beeindruckt der Text nicht nur durch seine freiheitliche wirtschaftspolitische Ausrichtung, sondern vor allem auch durch seinen tiefen religiösen und sozialen Ernst. Der christliche Glaube ist in dieser Schrift der entscheidende Pfeiler und die kritische Norm jeder Wirtschaftsordnung. Der Mensch als «sittliche Persönlichkeit» steht dabei im Mittelpunkt der Ordnungskonzeption: «Die Wirtschaft hat den lebenden und künftigen Menschen zu dienen, ihnen zur Erfüllung ihrer höchsten Bestimmungen zu helfen. Mit materiellen Kräften allein lässt sich das menschliche Leben nicht erträglich gestalten, ist auch keine Volkswirtschaft lebensfähig aufzubauen. Sie bedarf der gesicherten

---

35 Auch wenn die kirchlich gefasste Religiosität für ihn sicherlich nicht im Vordergrund stand. Siehe hierzu die Notiz aus einem Brief Euckens an Alexander Rüstow vom März 1944: «Mein Christentum ist das […] eines Leibniz oder Kant.» Ethik bedeute für ihn «Bindung an Werte, Unterordnung, Anerkennung eines Sollens. D. h. der Mensch soll Geboten folgen, die gleichsam über ihm sind.» Zitiert nach Hans Otto LENEL, *Walter Euckens Briefe an Alexander Rüstow*, in: ORDO 42 (1991), 12.

36 Zum Überblick: Nils GOLDSCHMIDT, *Christlicher Glaube, Wirtschaftstheorie und Praxisbezug*. Walter Eucken und die Anlage 4 der Denkschrift des Freiburger Bonhoeffer-Kreises, in: Historisch-Politische Mitteilungen 5 (1998), 33–48.

37 Inwiefern Eucken als Mitglied der «Bekennenden Kirche» anzusehen ist, ist in der Literatur umstritten. Siehe z. B. die kritische Position von Walter OSWALT, *Liberale Opposition gegen den NS-Staat*. Zur Entwicklung von Walter Euckens Sozialtheorie, in: Nils GOLDSCHMIDT (Hg.), *Wirtschaft, Politik und Freiheit*. Freiburger Wirtschaftswissenschaftler und der Widerstand, Tübingen 2005, 343 f.

38 Siehe hierzu Nils GOLDSCHMIDT, *Zur Einführung: Wirtschafts- und Sozialordnung* (1943), in: Nils GOLDSCHMIDT/Michael WOHLGEMUTH (Hg.), *Grundtexte zur Freiburger Tradition der Ordnungsökonomik*, Tübingen 2008, 91–198.

Rechtsordnung und der festen sittlichen Grundlage.»[39] Entsprechend sind für die drei Autoren die Grundlagen für die Entwicklung einer zukünftigen Wirtschaftsordnung: 1. das Wort Gottes, 2. die ökonomischen Sachnotwendigkeiten und 3. die tatsächliche und zukünftige Wirtschaftslage. Die auf dieser Basis entworfene Ordnung der Wirtschaft soll neben ihrem sachlichen Nutzen «den denkbar stärksten Widerstand gegen die Macht der Sünde»[40] gewährleisten und ein christliches Leben ermöglichen. Jedoch sei es nicht die Aufgabe der Kirche, «für die Ausgestaltung der Wirtschaftsordnung im einzelnen ständig verbindliche Lösungen anzubieten»[41] – dies komme den in Sachfragen kompetenteren christlichen Laien zu. Für die Sozialpolitik gelte Folgendes: Sie ist nicht nur die Summe verschiedener Einzelmassnahmen, sondern sie soll «die einzelnen Menschen zu echten Gemeinschaften und zu einer allumfassenden Societas zusammenfassen»[42].

In Euckens Arbeiten nach dem Krieg ist dieser explizite Bezug zum christlichen Glauben weniger deutlich spürbar. Im Mittelpunkt stehen für ihn die sachlichen Debatten zum Aufbau der Wirtschaftsordnung und das Ringen um eine prinzipiengeleitete Soziale Marktwirtschaft, frei vom Einfluss von Sonderinteressen. Die Zusammenarbeit zwischen Kirche und Wissenschaft zum Aufbau einer solchen neuen Gesellschaftsordnung bleibt für ihn aber weiterhin unerlässlich, wie abschliessend ein Zitat aus den 1952 posthum erschienenen «Grundsätzen der Wirtschaftspolitik» belegen kann: «Es darf nicht dahin kommen, daß das Ordnungsstreben der Kirchen und das der Wissenschaft gleichsam um Haaresbreite aneinander vorbei streifen. Sie müssen zur Koinzidenz gebracht werden, und sie können es im Rahmen der Wettbewerbsordnung.»[43]

---

39 Constantin v. Dietze/Walter Eucken/Adolf Lampe, *Wirtschafts- und Sozialordnung* [1943], wieder abgedruckt in: Nils Goldschmidt/Michael Wohlgemuth (Hg.), *Grundtexte zur Freiburger Tradition der Ordnungsökonomik*, 102.

40 A. a. O. 100.

41 A. a. O. 101.

42 A. a. O. 110.

43 Walter Eucken, *Grundsätze der Wirtschaftspolitik*, Tübingen 2004 ([1]1952), 350. Es sei darauf hingewiesen, dass der spätere Kardinal und Vorsitzende der Deutschen Bischofskonferenz Joseph Höffner bei Walter Eucken promovierte. Siehe hierzu Norbert Trippen, *Joseph Kardinal Höffner (1906–1987). Band I: Lebensweg und Wirken als christlicher Sozialwissenschaftler bis 1962*, Paderborn 2009, IV. Kapitel. Das spätere sozialethische Werk von Höffner kann man durchaus aus ordoliberaler Perspektive interpretieren, siehe hierzu: Nils Goldschmidt/Ursula Nothelle-Wildfeuer (Hg.), *Christliche Gesellschaftslehre und Freiburger Schule. Zur Aktualität des Denkens von Joseph Kardinal Höffner*, Tübingen 2010 (in Vorbereitung).

5. Wilhelm Röpke und die Soziallehre der katholischen Kirche

Als «liberalen Konservatismus» bezeichnete Wilhelm Röpke in seinem 1944 erstmals erschienenen Buch «Civitas humana» seine eigene Denkrichtung.[44] Hintergrund seiner Analysen ist dabei eine paradoxe Entwicklung der Moderne, die er festzustellen glaubt: Die Möglichkeiten, die Industrialisierung und wirtschaftliches Wachstum für breite Schichten geschaffen haben, sind zugleich Auslöser der beobachtbaren gesellschaftlichen Krise. Wirtschaft und Gesellschaft gleichen «mehr und mehr einer auf den Kopf gestellten Pyramide»[45], bei der «Massenleidenschaften, Massenansprüche und Massenmeinungen immer weniger Gewähr dafür bieten, daß die Voraussetzungen der Ordnung, Sicherheit und ruhigen Vernunft [...] mit einiger Regelmäßigkeit erfüllt sind»[46]. Doch wäre es in Röpkes Verständnis ein Irrtum, hieraus ein prinzipielles Versagen der Marktwirtschaft abzuleiten. Das Gegenteil ist für Röpke gültig: «Vielmehr ist es gerade die Marktwirtschaft mit ihrer Mannigfaltigkeit, ihrem Nachdruck auf Selbstbehauptung und Selbstverantwortung und ihren elementaren Freiheiten, die der Langeweile der [...] Massengesellschaft und Industriewelt noch immer sehr wirksame Ausgleichskräfte entgegenzusetzen hat, sofern sie nur innerhalb der Grenzen gehalten wird.»[47]

Hierin – im Gedanken einer «Marktwirtschaft in Grenzen» – ist der Kern des ordnungspolitischen gleichwie kultur- und gesellschaftspolitischen Denkens Röpkes bestimmt. Die Grenzen der Marktwirtschaft sind auch für ihn – ganz im Sinne der Ordnungspolitik der Sozialen Marktwirtschaft – die einzufordernden Rahmenbedingungen, die der Wirtschaft ihre Ordnung geben. Doch diese Rahmenbedingungen sind mehr als allein politische und rechtliche Bedingungen, vielmehr müssen die Voraussetzungen einer menschenwürdigen Wirtschaftsordnung auf einem klaren normativen Fundament stehen:

> «Die Gesellschaft als Ganzes kann nicht auf dem Gesetz von Angebot und Nachfrage aufgebaut werden [...]. Menschen, die auf dem Markte sich miteinander im Wettbewerb messen und dort auf ihren Vorteil ausgehen, müssen um so stärker durch die sozialen und moralischen Bande der Gemeinschaft verbunden sein, anderenfalls auch der Wett-

---

44 Wilhelm Röpke, *Civitas humana.* Grundfragen der Gesellschafts- und Wirtschaftsreform, Bern/Stuttgart 1979 ([1]1944), 18. Zur neueren Diskussion um Röpke siehe z.B. Heinz Rieter/ Joachim Zweynert (Hg.), *«Wort und Wirkung».* Wilhelm Röpkes Bedeutung für die Gegenwart, Marburg 2009.

45 Wilhelm Röpke, *Jenseits von Angebot und Nachfrage*, Bern/Stuttgart 1979 ([1]1958), 74.

46 A.a.O. 74 f.

47 Ders., *Die Gesellschaftskrisis der Gegenwart*, Bern/Stuttgart 1979 ([1]1942), 128.

bewerb aufs schwerste entartet. So wiederhole ich: die Marktwirtschaft ist nicht alles. Sie muss in einen höheren Gesamtzusammenhang eingebettet sein.»[48]

In diesem Gedanken einer eingebetteten Marktwirtschaft sieht Röpke auch eine Nähe zum Denken der katholischen Soziallehre, insbesondere zur Enzyklika «Quadragesimo anno» von 1931. Röpke stellt fest, «daß ein aufmerksamer Leser der berühmten, aber vielverkannten päpstlichen Enzyklika ‹Quadragesimo Anno› (1931) dort eine Gesellschafts- und Wirtschaftsphilosophie finden wird, die im Grunde zum selben Ergebnis [wie er] kommt. Im engeren Bereiche der Wirtschaft bedeutet ein solches Programm Bejahung der Marktwirtschaft, unter gleichzeitiger Ablehnung eines entarteten Liberalismus und des bereits in seiner Grundkonzeption unannehmbaren Kollektivismus.»[49] Röpke sieht in «Quadragesimo anno» folglich ein «vollkommen mit unserem Standpunkt deckende[s] Programm»[50] und in einem Brief an seinen Mitstreiter Alexander Rüstow lobt er «dieses wirklich sehr schöne Dokument», dessen gesellschaftspolitische Botschaft die «‹redemptio proletariorum›[51] und Wiederherstellung einer vernünftigen Marktwirtschaft, gegen Monopolmacht (oeconomicus potentatus) und Interessentenwirtschaft»[52] sei. Röpke, der als langjähriger Berater Erhard und steter publizistischer Mahner die deutsche Wirtschaftspolitik nicht unmassgeblich geprägt hat, war davon überzeugt, dass eine Annäherung zwischen Neoliberalismus und katholischer Soziallehre gelingen könne.

---

48 DERS., *Jenseits von Angebot und Nachfrage* 146.

49 DERS., *Civitas humana* 18.

50 A. a. O. 96.

51 Der Gedanke der *redemptio proletariorum* (Entproletarisierung) war Röpke ein besonderes Anliegen. In «Civitas humana» verweist er an drei Stellen darauf (Wilhelm RÖPKE, *Civitas humana*, 97.265.292). Es ist nicht ganz untypisch für den (elitären) Humanismus Röpkes, dass er viele Missverständnisse, insbesondere in Bezug auf die «Berufsständische Ordnung», in der Interpretation von «Quadragesimo anno» darauf zurückführt, dass man den lateinischen Urtext nicht gelesen habe. Entsprechend seiner Interpretation setzt Röpke den Gedanken der «Entproletarisierung» mit seinen Überlegungen zur «Entmassung» gleich. Zum Begriffe der Masse bei Röpke siehe Nils GOLDSCHMIDT, *Liberalismus als Kulturideal*. Wilhelm Röpke und die kulturelle Ökonomik, in: Heinz RIETER/Joachim ZWEYNERT (Hg.), «*Wort und Wirkung*». Wilhelm Röpkes Bedeutung für die Gegenwart, Marburg 2009, 67–82.

52 Wilhelm RÖPKE, *Briefe 1934–1966*. Der innere Kompass, Erlenbach-Zürich 1976, 69. Es ist Tim Petersen zu verdanken, das Verhältnis zwischen Wilhelm Röpke und der Katholischen Soziallehre ausführlich und sorgfältig untersucht zu haben, siehe Tim PETERSEN, *Wilhelm Röpke und die Katholische Soziallehre*, HWWI Research Paper 5-5 der Zweigniederlassung Thüringen, 2008. In dem Text von Petersen finden sich auch weitere Verweise auf Besprechungen von «Quadragesimo anno» durch Röpke.

Trotz den Parallelen, die Röpke und auch andere Liberale zwischen ihren Vorstellungen, insbesondere einer regelgebunden Wirtschaftsordnung, die dem Menschen dienlich sein soll, und den Ansätzen der katholischen Soziallehre gesehen haben, blieb das Verhältnis lange Zeit schwierig.[53] Es ist dabei das bleibende Anliegen von Röpke, die «Ideennachbarschaft» von katholischer Soziallehre und Neoliberalismus beiden Seiten immer wieder vor Augen zu führen, um so dem gemeinsamen Ziel, einer Versöhnung von moderner Wirtschaft und moderner Gesellschaft, näherzukommen. Eindrücklich wird dies auch nochmals in einem Aufsatz deutlich, den Röpke aus Anlass der Veröffentlichung der Enzyklika «Mater et Magistra» von Johannes XXIII. schrieb. Trotz einzelner Schwächen in der Enzyklika im Detail (so beim Wettbewerbsverständnis und beim Phänomen der Inflation) und einem leichten Hang zur «politischen Linksneigung»[54] betont Röpke:

> «Dem Verfasser von ‹Mater et Magistra› ist es nicht weniger klar als den ‹Neoliberalen›, daß die rechte Antwort auf die große Frage [nach den Herausforderungen der Industriegesellschaft] zweierlei umfassen muß: Die entschiedene Absage an den Sozialismus [...] und den offenen Blick auf die Ansatzpunkte einer Neugestaltung der Marktwirtschaft, welche Würde und Wert des Menschen, Freiheit und Gerechtigkeit, Person und Familie gegen die unleugbaren Gefahren der modernen Industriegesellschaft schützt.»[55]

6. «Caritas in veritate» und das Metaökonomische

Scheint in den Wirtschaftswissenschaften allgemein, aber auch bei den Vertretern einer Sozialen Marktwirtschaft der Gedanke, Wirtschaft und Gesellschaft miteinander zu versöhnen, in den Hintergrund getreten zu sein, ist es insbesondere das Verdienst von Papst Johannes Paul II., dass die katholische Soziallehre in ihren lehramtlichen Dokumenten den Weg in diese Richtung weiter beschritten hat. Insbesondere seine letzte Sozialenzyklika «Centesimus annus» aus dem

---

53 Siehe hierzu z. B. Anton RAUSCHER, *Katholische Soziallehre und Soziale Marktwirtschaft*, in: Anton RAUSCHER (Hg.), *Handbuch der Katholischen Soziallehre*, Berlin 2008, 539–548. Insbesondere die Dissertation von Egon Edgar NAWROTH, *Die Sozial- und Wirtschaftsphilosophie des Neoliberalismus*, Heidelberg 1961, bot Anlass für eine Vielzahl von Missverständnissen. Siehe hierzu Tim PETERSEN, *Wilhelm Röpke und die Katholische Soziallehre*, 22 ff. Siehe auch Nils GOLDSCHMIDT, *Entstehung und Vermächtnis ordoliberalen Denkens*, 89 f.

54 Wilhelm RÖPKE, *Die Enzyklika «Mater et Magistra» in marktwirtschaftlicher Sicht*, wieder abgedruckt in: DERS., *Wort und Wirkung*, Ludwigsburg 1964, 317.

55 A. a. O. 316.

Jahr 1991 propagiert die Vorzüge einer Marktwirtschaft unter den Wirtschaftssystemen und liest sich in weiten Teilen wie eine Schrift in der Tradition des Ordoliberalismus:

> «Die Wirtschaft, insbesondere die Marktwirtschaft, kann sich nicht in einem institutionellen, rechtlichen und politischen Leerraum abspielen. Im Gegenteil, sie setzt die Sicherheit der individuellen Freiheit und des Eigentums sowie eine stabile Währung und leistungsfähige öffentliche Dienste voraus. Hauptaufgabe des Staates ist es darum, diese Sicherheit zu garantieren, so daß der, der arbeitet und produziert, die Früchte seiner Arbeit genießen kann und sich angespornt fühlt, seine Arbeit effizient und redlich zu vollbringen» (Nr. 48).

Zentral ist für Johannes Paul II. die Schaffung einer staatlichen Rahmenordnung, die wirtschaftliche Freiheit erst ermöglicht, nicht aber der Eingriff des Staates in den marktlichen Ablauf selbst.[56]

Auch in der jüngsten Sozialenzyklika «Caritas in veritate», die Papst Benedikt XVI. im Sommer 2009 vorlegte, lässt sich ordnungspolitisches Gedankengut finden. So heisst es dort: «Das Wirtschaftsleben [...] soll auf das Erlangen des Gemeinwohls ausgerichtet werden, für das auch und vor allem die politische Gemeinschaft sorgen muss» (Nr. 36). Dementsprechend hebt der Papst hervor: «Der Bereich der Wirtschaft ist weder moralisch neutral noch von seinem Wesen her unmenschlich und antisozial. Er gehört zum Tun des Menschen und muß, gerade weil er menschlich ist, nach moralischen Gesichtspunkten strukturiert und institutionalisiert werden.» (ebd.)

Es ist hier nicht der Ort, eine umfassende Würdigung dieser jüngsten Enzyklika vorzulegen, die ihre besonderen Stärken darin hat, immer wieder den Zielpunkt einer am Menschen ausgerichteten Wirtschaft deutlich zu machen und mit einer solchen den «Aufbau einer guten Gesellschaft und einer echten ganzheitlichen Entwicklung des Menschen» (ebd., Nr. 4) zu ermöglichen.[57] So ist es auch ganz im Sinne der Pioniere der Sozialen Marktwirtschaft, wenn der Papst mit Blick auf die Globalisierung mahnt: «Wir müssen nicht Opfer, sondern Gestalter werden» (ebd., Nr. 42). Der Gedanke, die Wirtschaft zu ordnen – und zwar als eine vordringlich politische Aufgabe auf ethischer Basis –, war das entschiedene Anliegen von Alfred Müller-Armack, Ludwig Erhard, Walter Eucken

---

56 Zur Würdigung dieser Enzyklika in der Tradition der katholischen Soziallehre siehe zum Überblick: Nils GOLDSCHMIDT, *Der Brückenschlag zum Markt*. Das wirtschaftspolitische Erbe von Papst Johannes Paul II., in: Frankfurter Allgemeine Zeitung vom 16. April 2005, 15.

57 Insbesondere wäre zu diskutieren, inwieweit die besondere Betonung zivilgesellschaftlicher Strukturen und tugendethischer Prämissen ausreichend ist, einem systemischen Verständnis marktlicher Prozesse hinreichend Rechnung zu tragen.

und Wilhelm Röpke. Dieses Ziel bleibt aber unerreichbar, so die Überzeugung dieser vier Ökonomen, wenn man im starren Korsett allein ökonomischer Fragen gefangen bleibt: «Wer eine so nüchterne Tatsache wie die Wirtschaftspolitik mit vollem Engagement betreibt, wird zwangsläufig zu dem Punkte geführt, an dem es nicht mehr darum geht, die einzelnen Fragen auszugliedern, ihre Differenzierung zu berücksichtigen und das Instrumentarium zu verfeinern. Er wird vielmehr die Grenze zum Metaökonomischen überschreiten.»[58]

---

58 Alfred MÜLLER-ARMACK, *Wirtschaftspolitik als Beruf* [1969], wieder abgedruckt in: Jürgen SCHNEIDER/Wolfgang HABRECHT (Hg.), *Wirtschaftsordnung und Wirtschaftspolitik in Deutschland (1933–1993)* (Beiträge zur Wirtschafts- und Sozialgeschichte ; 63), Stuttgart 1996, 300.

Die Entstehung und Weiterentwicklung der Sozialen Marktwirtschaft in Deutschland

Theo Waigel

1. Soziale Marktwirtschaft als Synthese von wirtschaftlicher Effizienz und sozialem Ausgleich

Die Soziale Marktwirtschaft hat sich zum Exportschlager Deutschlands entwickelt. Dennoch ist sie in den letzten Jahren zunehmend ins Gerede gekommen. Sie hat, glaubt man Umfragen, erheblich an Überzeugungskraft verloren. Nach rund sechs Jahrzehnten ihres Bestehens scheint es deshalb angeraten, eine Zwischenbilanz zu ziehen.

Meine Ausgangsthese lautet: Die Soziale Marktwirtschaft hat sich als erfolgreichste Wirtschaftsordnung der deutschen Geschichte erwiesen. Sie bildet die Grundlage für eine gelungene Synthese von wirtschaftlicher Effizienz und sozialem Ausgleich. Im ideenpolitischen Wettkampf zweier bedeutender deutscher Männer hat der Fürther Ludwig Erhard gegen den Trierer Karl Marx überzeugend gewonnen. Die Marktwirtschaft setzt auf Privatinitiative, Mut zum Risiko und Leistungsbereitschaft. Aufgrund des hohen Einflusses der Verbraucher auf Umfang und Struktur der Produktion ist die Marktwirtschaft von sich aus in gewisser Weise sozial. Dennoch bedarf eine Marktwirtschaft einer aktiven Sozialpolitik, die für einen sozialen Ausgleich sorgt. Hierzu zählen vor allem die solidarische Absicherung der grossen Lebensrisiken und die Besteuerung nach der Leistungsfähigkeit der Steuerzahler. Dies führt zwangsläufig zu einem gewissen Mass an Umverteilung. Die Streitfrage ist bis heute die, wo das Soziale aufhört und das Sozialistische beginnt. Es kommt also darauf an, einen Ausgleich zwischen der Selbstverantwortung und der gesellschaftlichen Verantwortung, mithin zwischen Subsidiarität und Solidarität zu finden.

Der Sozialstaat heutiger Prägung, wie wir ihn in mehr oder minder grossem Umfang in praktisch allen Industriestaaten kennen, hat eine Zähmung des so genannten Manchester-Kapitalismus ermöglicht. Jürgen Habermas, gewiss kein

Freund der Marktwirtschaft, liegt wohl richtig mit seiner Diagnose, mit dem Sozialstaat habe der Kapitalismus seine Lernfähigkeit unter Beweis gestellt und so einen Ausgleich zwischen den Kapitalverwertungsinteressen und dem früher revolutionären Potential der arbeitenden Klassen ermöglicht. Kritiker unserer Wirtschaftsordnung leiden entweder an Realitätsverlust oder aber an notorischer Vergesslichkeit. Wenn unsere Wirtschaftsordnung an Anziehungskraft verloren hat, so liegt dies vor allem daran, dass grundlegende Errungenschaften wie Wohlstand und Freiheit längst zu einer Selbstverständlichkeit geworden sind, die nicht mehr hinterfragt wird.

2. Marktwirtschaftliche Weichenstellung nach dem Zweiten Weltkrieg

Der Erfolg der Sozialen Marktwirtschaft lässt sich am besten ermessen, wenn man den Blick zurück auf die Ausgangslage wirft. Der bedeutende Denker Joseph Bernhart schrieb am 6. Mai 1945 in sein Tagebuch: «Ich bin so einsam, wie man nur sein kann, wenn man sein Vaterland verloren hat.» Nach der totalen Niederlage im Zweiten Weltkrieg lag Deutschland in Schutt und Asche. Viele Städte waren ausgebombt. Hunger und Elend bestimmten das tägliche Leben der Menschen. Millionen von Flüchtlingen und Vertriebenen waren auf der Suche nach einer neuen Heimat. 15 Millionen Menschen waren in Deutschland auf der Flucht. Was die Menschen verband, war einzig die Hoffnung auf eine bessere Zukunft. Das Ausmass der Zerstörung war so gross, dass selbst in konservativen und liberalen Kreisen der Hang in Richtung einer sozialistischen oder zumindest staatlich gelenkten Wirtschaft um sich griff. Das sogenannte Ahlener Programm der Christlich Demokratischen Union (CDU) kam so nicht überraschend. Es gab jedoch einen Kreis von Wissenschaftlern, die auf eine freiheitliche und gleichzeitig sozial verpflichtete Wirtschaftsordnung setzten. Ihr Gedankengut wird gemeinhin als Ordoliberalismus bezeichnet. Für sie waren eine demokratische Staatsordnung und eine liberale Wettbewerbsordnung untrennbar miteinander verbunden – ein Konzept, das später von Karl Popper als das Programm der Offenen Gesellschaft bezeichnet wurde. Otto Schlecht[1] hat die geistigen Grundlagen dieses Programms wie folgt umschrieben: «Die Wettbewerbsordnung ist die Wirtschaftsordnung, welche die wirtschaftliche Freiheit optimal gewährleistet, und sie ist damit gleichzeitig die Ordnung, welche eine freiheitliche Verfassung des Staates und des Rechts, die rechtstaatliche Demokratie, möglich macht. Sie ist es deshalb, weil die menschliche Freiheit nach al-

---

1   Otto Schlecht war von 1973 bis 1991 Staatssekretär im Bundesministerium für Wirtschaft der Bundesrepublik Deutschland.

len Seiten hin unteilbar ist, weil die politische, rechtliche und kulturelle Freiheit die wirtschaftliche Freiheit zur Voraussetzung hat, und ebenso eine freiheitliche Wirtschaftsordnung nur zu haben ist bei einer entsprechenden freiheitlichen Staats- und Rechtsordnung».[2]

Die Persönlichkeiten, die für die damalige Weichenstellung verantwortlich zeichneten, sind bekannt. Es waren die Mitglieder der so genannten Freiburger Schule um Walter Eucken, Alexander Rüstow und Franz Böhm, um nur einige zu nennen. Ordnungspolitische Konzepte der Freiburger Schule wurden schon während der Kriegsjahre in den Kreisen um den Widerstandskämpfer Carl Goerdeler diskutiert. Entscheidend war jedoch die Person Ludwig Erhards. Von den Alliierten wurde er zum Direktor der Verwaltung für Wirtschaft nach Frankfurt am Main berufen. Hier wurden jene grundlegenden Entscheidungen getroffen, deren Aufarbeitung inzwischen ganze Bibliotheken füllt. In Bayern, dies nur am Rande, hatte ihm allerdings ein Untersuchungsausschuss bestätigt, dass er zwar persönlich integer, aber zur Führung des Amtes des Bayerischen Wirtschaftsministers ungeeignet sei. Ludwig Erhard war nicht zu beneiden. Deutschlands Wirtschaft lag am Boden. Die Infrastruktur war zerbombt. Transportsysteme waren kaum noch vorhanden. Der Rohstoffmangel war katastrophal. Erhard stand vor der Alternative: entweder staatliche Planung und Lenkung durch Fortsetzung von Rationierung, Bewirtschaftung und Bezugsscheinen oder aber der Sprung ins kalte Wasser durch die Beseitigung aller administrativen Zwänge und Übergang zu einem auf Privatinitiative und Wettbewerb beruhenden System. Die Währungsreform von 1948 war weitgehend eine Entscheidung der Besatzungsmächte und nicht in erster Linie eine Initiative Erhards. Dessen eigentlicher Beitrag bestand darin, dem neuen monetären Rahmen mit der Marktwirtschaft ein realwirtschaftliches Fundament zu geben. Dies erfolgte mit der Beseitigung der meisten Fesseln im so genannten Leitsätzegesetz. Seine grosse politische Leistung bestand im Rückblick darin, die wissenschaftlichen Prinzipien des Ordoliberalismus in die politische Praxis umzusetzen. Als Bundesminister für Wirtschaft wurde er hierbei massgeblich unterstützt durch Alfred Müller-Armack. Dieser gehörte übrigens in den 1970er Jahren zur Grundsatzkommission der Christlich-Sozialen Union (CSU) und hat unsere Diskussionen damals entscheidend angestossen. Schon nach wenigen Jahren stand Erhard für «die grossen W's» der deutschen Nachkriegsgeschichte, nämlich für Währungsreform, Wirtschaftsordnung, Wiederaufbau und Wohlstand. Die US-Hilfen

---

2 Vgl. *Deutschland, einig Vaterland. 60 Jahre.* Eine Zeitreise deutscher Geschichte von 1949–2009, http://web.me.com/weltbuch/WELTBUCH_VERLAG/Sohn_files/Expose%CC%81%20 60J%20D.pdf.

in Form der ERP-Programme (European Recovery Program) hatten auf diese Erfolge nach neueren Forschungsergebnissen nur einen geringen Einfluss.

3. Wirtschaftspolitische Etappen in der zweiten Hälfte des 20. Jahrhunderts

Die 1950er Jahre standen im Zeichen der Ordnungspolitik im engeren Sinne. Eine besondere Bedeutung kam dem Wettbewerbsrecht und der Herstellung liberaler Märkte zu. Hinzu kam die Eingliederung in die liberale Weltwirtschaftsordnung auf der Grundlage der freien Konvertibilität der D-Mark und die Einrichtung einer autonomen, der Geldwertstabilität verpflichteten Notenbank. Auf der anderen Seite wurden wichtige Schritte zum Aufbau und zur Festigung des Sozialstaats unternommen. Die Wiedereingliederung der Vertriebenen, der Lastenausgleich, die Familienförderung und die dynamische Rente waren Marksteine. Die 1950er Jahre wurden später zum Wirtschaftswunder verklärt. Aber die Hebung des Wohlstands und die Herbeiführung der Vollbeschäftigung waren kein Wunder, sondern das Ergebnis einer klugen Wirtschaftspolitik und der Kraft einer leistungs- und aufbauwilligen Bevölkerung.

Nachdem praktisch alle westlichen Industriestaaten die wirtschaftlichen und finanziellen Folgen des Weltkriegs geschultert hatten und die konjunkturelle Entwicklung durch wiederkehrende Störungen beeinträchtigt wurde, vollzog sich Mitte der 1960er Jahre eine Wende zum sogenannten Keynesianismus. Wunsch der führenden Wirtschaftspolitiker war es, die konjunkturelle Entwicklung durch fiskalpolitische Eingriffe zu verstetigen. Die Nachfragepolitik mit dem Ziel der Feinsteuerung beherrschte die Diskussion. Ergänzt wurde dies durch eine vorausschauende Finanzpolitik sowie durch Versuche, die Haushaltspolitik von Bund und Ländern abzustimmen und eine feste Zusammenarbeit zwischen Wirtschaftspolitik und Tarifpartnern auf den Weg zu bringen. Diese so genannte Globalsteuerung stiess jedoch sehr schnell an ihre Grenzen. Anfang der 1970er Jahre begannen sich überzogene Tarifabschlüsse auf Inflation und Beschäftigung auszuwirken. Hinzu kamen externe Schocks auf den Ölmärkten und die zunehmend sichtbar werdenden Grenzen des Währungssystems von Bretton Woods.

Die Konzeption von Erhards Sozialer Marktwirtschaft war bekanntlich von Anfang an umstritten. Sie stiess ursprünglich auf den erbitterten Widerstand sowohl der Sozialdemokratischen Partei Deutschlands (SPD) als auch der Gewerkschaften. Ende der 1960er Jahre geriet die Marktwirtschaft erneut ins Fadenkreuz der Kritik. Einerseits wetterten die Vertreter der 68er-Generation und die Anhänger des Eurokommunismus gegen die angebliche Anarchie der Märkte.

Andererseits warfen Kritiker aus ursprünglich eher konservativen Kreisen der Marktwirtschaft ökologische Blindheit vor, und sie verwiesen auf die vermeintlichen «Grenzen des Wachstums», wie ein Bestseller jener Jahre hiess.[3] Im Schatten von Maggie Thatcher und Ronald Reagan setzte sich in Deutschland nach der Wende von 1982 das Konzept der Angebotspolitik durch. Die Versuche einer konjunkturellen Feinsteuerung wurden angesichts der immer grösser werdenden Haushaltsprobleme aufgegeben. Die Flut staatlicher Ausgabenprogramme wurde abgelöst durch Massnahmen, die auf die Herstellung möglichst günstiger Rahmenbedingungen für Innovationen und Investitionen abzielten und von der monetären Seite her Raum für eine Stabilitätspolitik liessen. Dieses Konzept trug – vor allem durch die Konsolidierungspolitik und die Steuerreform – Früchte. Deutschland erlebte einen langen Wirtschaftsaufschwung, ehe mit der Öffnung der Mauer dann ganz neue Herausforderungen entstanden.

Doch auch hier erwies sich das Konzept der Sozialen Marktwirtschaft wiederum als flexibel genug, um die wirtschaftliche Wiedervereinigung zu bewältigen. Gewiss: Die Kosten fielen höher aus, als ursprünglich von allen erwartet. Aber ohne staatliche Transfers in Milliardenhöhe wäre ein Exodus der ostdeutschen Bevölkerung nicht zu verhindern gewesen. Bei aller Kritik sehe ich im Rückblick keine realistische Alternative zur damals vereinbarten Währungsunion und zur Überführung der volkseigenen Betriebe in die Marktwirtschaft. Trotz den überaus hohen finanz- und sozialpolitischen Anspannungen haben die Dämme gehalten. Das wiedervereinigte Deutschland nimmt einen Spitzenplatz im Konzert der westlichen Industriestaaten ein, auch wenn wir im internationalen Wohlstandsniveau durch die Defizite im Osten etwas zurückgefallen sind. Nach dem Fall des Eisernen Vorhangs und dem Zerfall des Warschauer Pakts und der Sowjetunion meinten Politologen wie Francis Fukuyama, das Ende der Geschichte sei gekommen.[4] Dies hat sich sowohl politisch wie auch ökonomisch als Irrtum herausgestellt.

Die Integration des ehemaligen Ostblocks und später Chinas in die liberale Weltwirtschaftsordnung und das Vordringen der neuen Informations- und Kommunikationstechnologien haben der so genannten Globalisierung einen Schub gegeben, der bis heute unaufhaltsam andauert. Im Zeitalter dieser Globalisierung werden in nahezu allen Politikbereichen die Grenzen nationaler Politik erkennbar. Es war deshalb folgerichtig, dass die Europäer auf diese Entwicklung mit der

---

3   Vgl. Donella MEADOWS/Dennis L. MEADOWS/Jørgen RANDERS/William W. BEHRENS III, *Die Grenzen des Wachstums – Bericht des Club of Rome zur Lage der Menschheit*, München 1972.

4   Vgl. Francis FUKUYAMA, *The end of history and the last man*, New York 1992.

Errichtung eines einheitlichen Marktes mit einer gemeinsamen Währung als monetärem Dach antworten.[5] Globalisierung ist mit einem Wettbewerb der Standorte verbunden. Die Grossunternehmen verstehen sich längst als *european* oder *global players.* Alle Staaten müssen mit Reformen in ihren Steuersystemen, aber auch im Bereich der Forschungs- und Bildungspolitik die Rahmenbedingungen verbessern, um im globalen Wettbewerb bestehen zu können. Hinzu kommt der Druck durch den demographischen Wandel, der eine weitreichende Reformpolitik erforderlich macht.

Die marktwirtschaftliche Ordnung ist kein zeitloses Ordnungsmuster, sondern das Ergebnis spezifischer Ausgangsbedingungen. Diese Ordnung hat sich jedoch als überaus flexibel erwiesen. Sie hat dies in den vergangenen 60 Jahren unter Beweis gestellt, in denen die Wirtschafts- und Finanzpolitik der westlichen Welt einen mehrfachen Paradigmenwechsel durchmachte. In Deutschland wurden in dieser Hinsicht wichtige Massnahmen auf den Weg gebracht. Ich verweise auf so wichtige Vorhaben wie die Reform der Unternehmungsbesteuerung, die Reformen im Rentensystem, in der Gesundheitsversorgung und anderes mehr. Der jahrelang beklagte Reformstau ist gewiss überwunden. Aber es spricht vieles dafür, dass Reformen zu einer Daueraufgabe für die Politik geworden sind.

4. Soziale Marktwirtschaft: eine Zwischenbilanz nach 60 Jahren

Nach mehr als sechs Jahrzehnten Sozialer Marktwirtschaft in Deutschland steht fest: Die Effizienz unserer Wirtschaftsordnung ist ungebrochen. Wir verfügen über ein historisch einmaliges Niveau an Wohlstand und sozialer Sicherheit. Deutschland zählt bislang zu den Gewinnern der Globalisierung. Unsere Wirtschaft ist Exportweltmeister, auch wenn dies nichts darüber aussagt, wie hoch die Wertschöpfung in Deutschland ausfällt. Deutschland verfügt gleichzeitig über ein auch im internationalen Vergleich vorbildlich ausgebautes System an sozialer Absicherung. Zugleich mehren sich allerdings die Anzeichen, dass die Grenzen des Wohlfahrtsstaates überschritten sind. Von Ludwig Erhard stammt der Satz, kein Staat könne seinen Bürgern mehr geben, als er ihnen vorher abgenommen habe.[6] Sozialleistungen können nur bereitgestellt werden, wenn sie

5   Auf dem Weg zur Wirtschafts- und Währungsunion entdeckte ich eine Aussage von Dr. Josef Müller, dem ersten Vorsitzenden der CSU, aus dem Jahre 1946: «Wir brauchen eine gemeinsame europäische Währung, weil Länder mit einer gemeinsamen Währung nie mehr Krieg gegeneinander führen».

6   Vgl. INITIATIVE NEUE SOZIALE MARKTWIRTSCHAFT, *Ludwig Erhard zur Sozialen Marktwirtschaft,* http://www.ludwig-erhard-insm.de/ludwig-erhard-zur-sozialen-marktwirtschaft/.

vorher erwirtschaftet werden. Führt der Ausbau des Sozialstaats zu einer Überforderung des gesamtwirtschaftlichen Leistungsvermögens, dann sind Wachstums- und Beschäftigungsverluste die zwangsläufige Folge. Jede Generation und jeder Staat muss für sich das Problem zwischen staatlicher Vorsorge und individueller Selbstverantwortung lösen und damit eine Antwort geben auf die Frage, welche Steuer- und Abgabenbelastung den Leistungsträgern zugemutet werden kann.

Es wäre jedoch gefährlich, die Marktwirtschaft in Deutschland himmelhoch jauchzend verklären zu wollen; wir alle kennen die Defizite: Die Wachstumsdynamik ist immer noch zu gering. Die Zahl der Arbeitslosen mit immer noch über drei Millionen ist zu hoch. Die sozialen Sicherungssysteme sind noch immer nicht stabil. Die gesamte Steuer- und Abgabenbelastung liegt weit über dem internationalen Durchschnitt. Hinzu kommen eindeutige Schwächen im Bereich Bildung und, damit verbunden, im Bereich Forschung. Die diesbezüglichen Untersuchungen verdeutlichen eine bedrohliche Schieflage, die der des Turms von Pisa entspricht.

5. Zur aktuellen Kritik an der Sozialen Marktwirtschaft

Soweit ich sehe, sieht sich die Soziale Marktwirtschaft heute folgender Kritik ausgesetzt:

Befürchtet wird, die Marktwirtschaft versage bei der Lösung der *Öko- und Klimaprobleme*. Ich halte diese Kritik für unbegründet. Die Erinnerung an die Systeme des realen Sozialismus zeigt, dass im Ostblock Umweltschutz ein Fremdwort war. Wir können bekannte Umweltprobleme in den Griff bekommen, wenn wir moderne und effiziente Technologien entwickeln, das Potential alternativer Energien nutzen und das für die Umstellungsinvestitionen im Energie- und Produktionsbereich erforderliche Kapital bereitstellen. Wer, wenn nicht die marktwirtschaftlichen Systeme, wäre hierzu in der Lage?

Seit einigen Jahren wird die *Globalisierung* zum Anlass genommen, die Soziale Marktwirtschaft unter Beschuss zu nehmen. Befürchtet werden Arbeitsplatzverlagerungen grossen Stils. Gewiss ist es im Zuge der weltweiten Öffnung der Grenzen zu Produktionsverlagerungen gekommen. Fälle wie die Schliessung des Nokia-Werks in Bochum haben das Vertrauen der Menschen in unser Wirtschaftssystem beschädigt. Doch man ist gut beraten, die Kirche im Dorf zu lassen. Die ganz grosse Mehrheit unserer Unternehmen bekennt sich zum Standort Deutschland. Wenn sie dennoch Betriebsstätten aus Kostengründen im Ausland aufgebaut haben, dann hat das am Ende zur Sicherung der Arbeitsplätze bei uns beigetragen. Dies belegen beispielhaft die Zahlen aus der Automobilindustrie. Nach Angaben des Vorstandsvorsitzenden der Audi AG, Rupert Stadler, hat die

Globalisierung dazu geführt, dass die Beschäftigtenzahl in der deutschen Auto-industrie von 1995 bis 2005 um 130'000 gestiegen ist. Im gleichen Zeitraum nahm die Mitarbeiterzahl bei Audi von 32'000 auf 52'000 zu, wobei ein Teil selbstverständlich auf ausländische Produktionsstätten fiel.

Der aktuelle Hauptvorwurf gegenüber der Sozialen Marktwirtschaft lautet, sie habe ihre *soziale Komponente* verloren und führe zu *ungerechten Ergebnissen.* Die Gerechtigkeit ist ein schillernder Begriff: Die Belastungsgerechtigkeit zielt auf die Verteilung der Steuer- und Abgabenbelastung zwischen den Einkommensgruppen. Nach den Zahlen des Finanzministeriums tragen die 10% der Steuerzahler mit den höchsten Einkommen über 50% des Einkommensteueraufkommens, die oberen 50% tragen über 90%. Die Verteilungsgerechtigkeit zielt auf die Verteilung staatlicher Leistungen vor allem an jene, die auf die Hilfe des Kollektivs angewiesen sind. Ein gebräuchliches Mass hierfür ist der Anteil der gesamten öffentlichen und privaten Sozialleistungen am Sozialprodukt. Diese Sozialleistungsquote liegt in Deutschland bei über 30%. Sie weist damit knapp hinter Schweden und Frankreich den höchsten Wert auf. Soziale Gerechtigkeit zielt generell auf eine Gesellschaft, die Armut beseitigt. Als arm gilt nach einer gebräuchlichen Definition, wer weniger als 60% des Durchschnittseinkommens verdient. Wie unbrauchbar ein solcher Armutsbegriff ist, zeigt sich daran, dass hiernach bei einer Auswanderung der oberen zehn Prozent der Einkommensbezieher die Armut gegen Null tendieren würde. Tatsache ist jedoch: Die überwältigende Mehrheit unserer Gesellschaftsmitglieder lebt heute in materiellen Umständen, von denen die Generationen unserer Grossväter nicht einmal zu träumen wagten.

Ein nicht zu unterschätzendes Problem beim unverkennbaren Vertrauensverlust breiter Bevölkerungsschichten gegenüber der Marktwirtschaft stellen für mich die Folgen des Wandels der Unternehmensphilosophie dar. Betroffen sind hierbei weniger Familienunternehmen als vielmehr die Kapitalgesellschaften. Die Stichworte sind bekannt: wachsende Kapitalmarktabhängigkeit, Vorrang der Shareholder-Interessen, schwindelerregende Abfindungen, exorbitante Managergehälter, kurzfristige Gewinnmaximierung, Bilanzskandale, Ausblutung von Firmen durch das Auftreten der «Heuschrecken», Bankchefs als Zocker auf den globalen Finanzmärkten, sprunghaft steigende Aktienkurse als Folge von Massenentlassungen. Die Liste liesse sich verlängern. Sie ist für mich jedoch massgebliche Ursache für das wachsende Unbehagen an den realen marktwirtschaftlichen Systemen. Es handelt sich um kein isoliert deutsches Problem, vielmehr erheben sich kritische Stimmen sowohl bei uns als auch in der Schweiz, in Frankreich und in anderen EU-Staaten. Ich weiss nicht, ob diese Probleme politisch bzw. gesetzgeberisch geregelt werden können. Sie zeigen aber gewiss

Eines: Die Kräfte des Marktes müssen in einem gewissen Rahmen geordnet und manchmal auch reguliert und gezügelt werden. Gerade die Vorkommnisse auf den internationalen Finanzmärkten, aber auch auf dem Energiesektor verdeutlichen, dass marktwirtschaftliche Systeme eines starken Staates bedürfen. Gefordert ist jedenfalls eine Diskussion über eine neue Unternehmensethik und damit auch über eine ethische Selbstverpflichtung der führenden Wirtschaftsakteure. Ich glaube zwar nicht, dass der Präsident der Vereinigung der Bayerischen Wirtschaft, Randolf Rodenstock, Recht hat mit seiner Forderung, es sei Aufgabe der Politik, den Menschen zu erklären, was gerecht ist. Dies machen im Zweifel die von der Marktwirtschaft profitierenden Medien. Ich stelle mich jedoch hinter die jüngst von ihm gestellte Frage: «Warum greifen die Aufsichtsratschefs, die über die Gehälter entscheiden, nicht in die Diskussion ein?» Dasselbe gilt für die Aufsichtsräte der Arbeitnehmerseite. Die aktuelle Diskussion verrät nach meiner Überzeugung eine gewisse Unübersichtlichkeit. Die Menschen wissen nicht mehr, wohin die Reise geht. Sie suchen nach Stabilität und Sicherheit in einer Zeit des rasanten Wandels und der wachsenden Unsicherheit. Wirtschaftliche und gesellschaftliche Umbrüche hat es schon immer gegeben. Aber mittlerweile scheint der Umbruch zu einem Dauerzustand zu werden. Verängstigt sind hierdurch vor allem die Mittelschichten, die befürchten, über kurz oder lang zu den Modernisierungsverlierern zu gehören.

6. Die Zukunft der Sozialen Marktwirtschaft

Ungeachtet aller Ängste und Umfragen sehe ich die Zukunft der Sozialen Marktwirtschaft aus einem optimistischen Blickwinkel. Folgende Punkte scheinen mir wichtig: Die Politik muss die nach wie vor bestehenden makroökonomischen Defizite beseitigen und die sozialen Sicherungssysteme krisenfest für den demographischen Wandel machen. Dies erfordert weitere Reformen mit Mut und Augenmass, wobei die begrenzte Reformbereitschaft der Mehrheit in Rechnung gestellt werden muss. Deutschland muss sich offensiv der Globalisierung stellen. Eine Abschottung wäre tödlich. Dass sich dabei das bisherige deutsche Sozialmodell ändern wird, liegt auf der Hand. Wir müssen zu einer neuen Balance zwischen Solidarität und Subsidiarität finden. Die heute oft gestellte Frage, so zum Beispiel vom Präsidenten des Wirtschaftsrates der CDU, Kurt Lauk, «Was würde Ludwig Erhard heute sagen?», ist müssig.[7] Die heutigen Rahmenbedingungen sind nicht mehr vergleichbar mit denen der 1950er und 1960er Jahre.

---

7   Vgl. Kurt J. Lauk (Hg.), *Was würde Ludwig Erhard heute sagen?*, Stuttgart/Leipzig 2007.

Aktuelle Herausforderungen für die Unionsparteien ergeben sich insbesondere in der Finanzpolitik. Es gilt, den Zielkonflikt zwischen Konsolidierung und Steuer- und Abgabensenkung durch eine symmetrische Finanzpolitik aufzulösen. Dies ist von 1982 bis 1989 unter Bundesfinanzminister Gerhard Stoltenberg erfolgt. Er hat konsolidiert und Steuern gesenkt. Die grosse Steuerreform von 1987 bis 1990 wurde massgeblich von der CSU mitgestaltet, weil mit dem linear progressiven Tarif der damalige Mittelstandsbauch abgeschafft wurde. Von 1990 bis 1994 mussten wir eine *Policy mix* betreiben, um die riesigen Kosten der Wiedervereinigung (jedes Jahr gegen 5% des BIP) zu bewältigen. Dazu waren auch Steuer- und Abgabenerhöhungen unumgänglich. Von 1994 bis 1998 knüpften wir wieder an die symmetrische Finanzpolitik an. Die Konsolidierung zeigte sich, indem das strukturelle Defizit auf unter ein Prozent sank. Die strengen Maastricht-Kriterien wurden 1997 und 1998 klar eingehalten. Während dieser Jahre fielen aber auch die Vermögensteuer und die Gewerbekapitalsteuer weg. Im gleichen Zeitraum wurde die Körperschaftsteuer auf 45% und Einkünfte im gewerblichen Bereich auf 47% reduziert. Der Solidaritätszuschlag wurde immerhin um zwei Prozentpunkte abgesenkt. Ich halte die seinerzeit bereits von Erwin Huber und Michael Glos[8] gemachten steuerpolitischen Vorschläge für richtig. Es geht darum, das relativ niedrige Potentialwachstum in Deutschland zu verbessern und mit einer antizyklischen Steuerpolitik den Problemen der Weltwirtschaft zu begegnen. Dabei werden die Konsolidierungsziele nicht vernachlässigt und nicht aus dem Auge gelassen.

Gefordert ist nicht nur die Politik. Geistige Führung durch eine Partei ist im heutigen deutschen Sechs-Parteien-System eine kaum noch lösbare Aufgabe. Sie ist umso schwieriger, als die Atomisierung unserer Gesellschaft fortschreitet, die Parteienbindung nachlässt und Wahlentscheidungen vorrangig anhand privater Partikularinteressen getroffen werden. Eine Bringschuld zur Zukunftsfähigkeit der Sozialen Marktwirtschaft liegt auch auf der Seite der Wirtschaft. Nach Umfragen des Instituts für Demoskopie Allensbach ist in Deutschland die Distanz zwischen Bürgern und Wirtschaft gewachsen. Die Skepsis gegenüber den wirtschaftlichen Führungseliten hat dramatisch zugenommen. Dies erfordert nach meiner Überzeugung eine Neuformulierung unternehmerischer Ethik, bei der Selbstbescheidung auf der einen Seite und überzeugende Gemeinwohlverantwortung auf der anderen Seite an Gewicht gewinnen müssen.

---

8 Erwin Huber war damals Bayerischer Staatsminister der Finanzen und Michael Glos Vorsitzender der CSU-Landesgruppe im Deutschen Bundestag.

II. Herausforderungen in Gegenwart und Zukunft

Die soziale Herausforderung:
Wie die kapitalistische Marktwirtschaft den gesellschaftlichen Zusammenhalt gefährdet

Ueli Mäder

Welchen Beitrag leistet die Wirtschaft zum gesellschaftlichen Zusammenhalt, insbesondere in einer Phase rezessiver Einbrüche? Entwickelt sich die Schweizer Wirtschaft von einer Meritokratie zur Oligarchie?[1] Wenn ja, was bedeutet diese Entwicklung für das Konzept und das System der Sozialen Marktwirtschaft? Gibt es wirtschaftspolitische Perspektiven jenseits der Sozialen Marktwirtschaft?

Soziale Marktwirtschaft

Nach dem 2. Weltkrieg erlebte die Idee der Marktwirtschaft einen Aufschwung. So auch die Soziale Marktwirtschaft. Sie ist nun gut sechzig Jahre alt und recht verschieden konzeptualisiert. Das Spektrum reicht von einem stark bis zu einem schwach intervenierenden Staat. Was zu verbinden scheint, ist die Orientierung am Liberalismus. Die einen beziehen sich allerdings mehr auf den politischen, andere auf den wirtschaftlichen Liberalismus. Zunächst ist zu betonen: Der Liberalismus hält die individuelle Freiheit hoch. Viele verbinden den klassischen Liberalismus mit dem schottischen Moralphilosophen Adam Smith (1723–1790), der 1776 seine Studien über den Reichtum der Nationen (The Wealth of Nations) veröffentlichte.[2] Nach seiner Auffassung prosperiert eine Gesellschaft am besten, wenn das harmonische Zusammenspiel von Angebot und Nachfrage möglichst ohne Eingriffe funktioniert. So entstehe Wohlstand. Und der wirtschaftliche Aufschwung beseitige die Armut, weil das Wachstum allen zugute komme. Kritiker am wirtschaftlichen Liberalismus monieren, dass der angeblich freie Markt soziale Ungleichheit und Ungerechtigkeit verschärfe.

Ludwig Erhard (1897–1977) gilt als Mitbegründer der Sozialen Marktwirtschaft.[3] Er war von 1949–1963 Bundesminister für Wirtschaft und von

---

1 Vgl. Hans Kissling, *Reichtum ohne Leistung*. Die Feudalisierung der Schweiz, Zürich 2008.
2 Vgl. Adam Smith, *Der Wohlstand der Nationen*, München (1789) 1974.
3 Vgl. Richard Reichel, *Soziale Marktwirtschaft*. Sozialstaat und liberale Wirtschaftsordnung, in: Aufklärung und Kritik, Sonderheft 2, 1998, 6.

1963–1966 Bundeskanzler der Bundesrepublik Deutschland. «Sozial» ist nach seiner Auffassung die Marktwirtschaft, weil sich der Wohlstand im Liberalismus quasi von alleine einstelle. Daher sei der Begriff «Soziale Marktwirtschaft» eigentlich ein Pleonasmus, da der Markt bereits sozial sei. Laut Erhard bringt eine gut funktionierende Marktwirtschaft «Wohlstand für alle»[4]. Sie beinhaltet aber auch weitere soziale Elemente, die ein «reiner» und «ungezügelter» Kapitalismus ignoriert. Der Staat erlässt Regeln und Rahmenbedingungen, die beispielsweise mit einem Kartellrecht oder einer Währungsordnung das Funktionieren der Marktwirtschaft ermöglichen sollen. Die «Soziale Marktwirtschaft» nimmt somit auch in Erhardscher Prägung ordoliberale Traditionen der von Walter Eucken (1891–1950) repräsentierten Freiburger Schule der Nationalökonomie auf. Das lateinische Wort *ordo* heisst Ordnung. Der Ordoliberalismus ist eine spezifisch deutsche Variante des Neoliberalismus. Alfred Müller-Armack (1901–1978) stand diesem Ansatz ebenfalls nahe. Er lehrte ab 1940 Nationalökonomie in Münster und betrachtete den Markt als tragendes Gerüst.[5] Der Markt helfe eine Wirtschaftsordnung der Mitte zu konstituieren, jenseits der sowjetischen Planwirtschaft und des amerikanischen Kapitalismus. Die Soziale Marktwirtschaft verbündet sich so mit dem Sozialstaat, der eine soziale Umverteilung anstrebt. Die Soziale Marktwirtschaft strebt soziale Sicherheit und soziale Gerechtigkeit an. Sie tut dies im Rahmen einer liberalen Wirtschaftsordnung. Der dazugehörige Wettbewerb ist ordnungspolitisch so auszugestalten, dass soziale Gerechtigkeit und Sicherheit gewährleistet bleiben. Die Soziale Marktwirtschaft «erlaubt» zumindest Sozialversicherungen, die «soziale Härten» abfedern, ohne den Markt zu verzerren. Laut Erhard untergrub die anwachsende Staatsquote jedoch die Soziale Marktwirtschaft.[6] Erhard schrieb die Soziale Marktwirtschaft (wie Müller-Armack) gross. Er verdeutlichte so, dass das Soziale im Primat der Marktwirtschaft von ordnungspolitischen Ergänzungen rührt. Erhard lehnte die Revitalisierung traditioneller Sozial- und Ordnungspolitik ab, die zu einem erheblichen Ausbau sozialstaatlicher Leistungen führten. Diese sozialpolitisch ver-

---

4   Vgl. Ludwig ERHARD, *Wohlstand für alle*, Düsseldorf 1957, 1.
5   Müller-Armack trat 1933 der NSDAP bei und unterstützte mit seinem damals erschienenen Buch «Staatsidee und Wirtschaftsordnung im Deutschen Reich» nationalsozialistische Ideen. Nach dem Krieg trat er, von der Katholischen Soziallehre angetan, der CDU bei und prägte mit seiner Publikation «Wirtschaftslenkung und Marktwirtschaft» die Konzeption einer Sozialen Marktwirtschaft. Von 1958–1963 wirkte Müller-Armack als Staatssekretär für Europäische Angelegenheiten und auch als Berater von Ludwig Erhard.
6   Die Schweiz entspricht mit ihrer Staatsquote (35%) mehr diesem Bild einer Sozialen Marktwirtschaft als Deutschland (45%). Aktuelle Zahlen: http://de.wikipedia.org/wiki/Staatsquote.

stärkte «soziale Marktwirtschaft» wurde nun klein geschrieben, weil es sich (erst) so um eine wirklich soziale Marktwirtschaft handle.

Im Kontext der Finanzkrise sieht sich heute der Staat noch mehr dazu gezwungen, in die Wirtschaft einzugreifen, die nur beschränkt in der Lage ist, Lösungen aus sich selbst heraus zu schöpfen. Damit geraten vor allem jene libertären Vorstellungen weiter ins Abseits, die an einem rigorosen Marktmodell festhalten und staatliche Eingriffe für die Krise verantwortlich machen. Ihre Vorstellungen orientieren sich am amerikanischen «Libertarianism», der jeglichen staatlichen Zwang ablehnt. So postuliert der Manchesterliberalismus völligen Freihandel. Er lehnt, wie die Laissez-faire-Haltung der Chicago-Schule, staatliche Sozialpolitik ab. Im Aufwind befinden sich derzeit jedoch Konzepte, die das Ordnungsprinzip ausweiten wollen. Sie begründen die Finanzkrise unter anderem mit der Globalisierung der Wirtschaft, die sich über politische Rahmenbedingungen hinwegsetzt. Die deutsche Bundeskanzlerin Angela Merkel plädiert sogar für eine Internationale Soziale Marktwirtschaft, in der sich auch die Wirtschaftsakteure vermehrt an politisch vereinbarte Verbindlichkeiten halten müssen.[7] Alternative Ansätze weisen auf die beschränkte Reichweite solch systemimmanenter Vorschläge hin. Auch, weil die aktuellen Finanzprobleme keineswegs neu sind, wie das Beispiel der Schweiz zeigt.

Refeudalisierung der Schweiz

In der Schweiz besitzen 205'000 Millionäre mit 733 Milliarden Franken deutlich mehr als die restlichen 4,5 Millionen Steuerpflichtigen. Diese vereinigten 515 Milliarden auf sich.[8] 66% der privaten Steuerpflichtigen haben weniger als 100'000 Franken Nettovermögen. Zusammen kommen sie auf knapp 5% des Vermögens. Wie das Wirtschaftsmagazin «Bilanz» schätzt, erhöhten die 300 Reichsten in der Schweiz ihren Reichtum von 86 Milliarden Franken (1989) auf über 459 Milliarden Franken (2008).[9] Die zehn Reichsten verloren von ihren 126 Milliarden Franken durch die Finanzkrise 16 Milliarden. Bei den Einkommen ist die einseitige Verteilung weniger krass als bei den Vermögen. Nominell sind die Einkommen in der Schweiz im Durchschnitt sogar leicht gestiegen. Ge-

---

7   Vgl. Angela MERKEL, *Rede anlässlich der Initiative Neue Soziale Marktwirtschaft*, Berlin, 2.6.2009. http://www.bundesregierung.de/Content/DE/Rede/2009/06/2009-06-02-merkel-insm.html.

8   Vgl. Eidgenössische Steuerverwaltung 2009. Gesamtschweizerische Vermögensstatistik der natürlichen Personen 2006. Bern. Vgl. http://www.estv.admin.ch/dokumentation/00075/00076/00717/index.html?lang=de.

9   Vgl. Wirtschaftsmagazin BILANZ, Nr. 21/2008, 5. Dezember 2008. Online unter unter http://www.bilanz.ch/edition/artikel.asp?AssetID=5698.

sunken sind jedoch die unteren und mittleren verfügbaren Einkommen. Dies vor allem in den steuergünstigen Kantonen.

Rund die Hälfte der 300 Reichsten der Schweiz verdanken ihren Reichtum Erbschaften. Die reichsten zehn Prozent der Steuerpflichtigen erhalten drei Viertel der gesamten Erbschaften. Von den 40 Milliarden Franken, die im Jahr 2009 vererbt werden, gehen über die Hälfte an bestehende Millionäre. Der pensionierte Zürcher Kantonsstatistiker Hans Kissling kritisiert in seinem Buch «Reichtum ohne Leistung»[10], wie sich die Schweiz mit der Konzentration der Vermögen refeudalisiert und von der sozialen Marktwirtschaft verabschiedet. 13'000 Personen erben in den nächsten drei Jahrzehnten je über zehn Millionen Franken, 900 Personen über 100 Millionen Franken. Sie gehören zum Geldadel, der sein Vermögen selbst in schlechten Börsenjahren überproportional vermehrte. Allerdings gibt es recht unterschiedliche Typen von Reichen.

Alte Reiche sind konservativ, paternalistisch und spendefreudig. Sie lassen sich selten mit einer Luxuslimousine ablichten. Es genügt ihnen, reich zu sein und ihr Geld längerfristig anzulegen. «Das alte Velo genügt», sagen sie ihren Kindern.[11] Neue Reiche sind indes modern, unkonventionell und pragmatisch. Sie setzen das Geld risikoreich ein und tragen ihren Reichtum zur Schau. Die goldene Armbanduhr hat Symbolwert. Das Geld wird enttabuisiert, das Sponsoring offen kommuniziert. Was zählt, ist der Nutzen für den, der gibt. Soviel, arg verkürzt, zum Mentalitätswandel. Aber es gibt auch gegenläufige Trends. Herr P. sprach sich schon in unserer Studie über den «Reichtum in der Schweiz»[12] für eine Steuer auf Erbschaften ab zwei Millionen Franken aus. Der ehemalige Bankdirektor forderte Reiche auf, steuergünstige Oasen zu meiden, mehr in Arbeitsplätze zu investieren und verbindlicher mit dem Staat zu kooperieren. Heute gesteht er, wie seine persönlichen Finanzverluste vor allem sein Ego kränken und ihn verunsichern. Diese Offenheit hilft. Sie führt zu weiteren Gründen der Finanzkrise. Eine sich derzeit im Gang befindliche Untersuchung[13] geht der Frage nach, wie Reiche ihren Einfluss wahrnehmen. Etliche streben keine Oligarchie an, sondern eine Meritokratie, in der die Leistung zählt. Wenn die Schweiz ihren Reichtum entfeudalisiert und sich wieder mehr um den sozialen Ausgleich kümmert, so lautet die Annahme, dann stärkt sie ihren sozialen Zusammenhalt. «Einen starken Staat, mehr regulierend, aber die Freiheit respek-

---

10 Vgl. KISSLING, a. a. O. (Anm. 1).

11 Vgl. Ueli MÄDER/Elisa STREULI, *Reichtum in der Schweiz*, Zürich 2002, 119 ff.

12 A. a. O. 136.

13 Beteiligt an der Untersuchung sind Sarah Schilliger, Ganga Jey Aratnam und Ueli Mäder. Sie erscheint im Herbst 2010.

tierend» postulierte auch unser damaliger Bundespräsident Hans-Rudolf Merz
zum Jahresanfang 2009 im Schweizer Fernsehen.

Finanz- und Wirtschaftskrise

Italiens früherer Finanzminister Tomaso Padoa-Schioppa moniert keine Krise im
System, sondern «eine Krise des Systems».[14] Der Kapitalismus sei zwar nicht am
Ende, wohl aber «die Illusion, dass eine Marktwirtschaft ohne Regeln funktio-
nieren kann». Peter Witterauf, Hauptgeschäftsführer der Hanns-Seidel-Stiftung
in München, plädiert dafür, «die ‹Wirtschaftskultur› zu hinterfragen»: «Zum
einen ist die starke Konsumorientierung zu nennen, die dazu führt, dass viele
Käufe ohne ausreichende finanzielle Basis getätigt werden. Deshalb nimmt die
Verschuldung zu [...]. Zum andern haben sich eine extreme Deregulierung und
Liberalisierung sowie der überzogene Glaube an die Selbstheilungs- und Steue-
rungskräfte der Marktwirtschaft verhängnisvoll ausgewirkt. Erst jetzt, nach massiven Fehlentwicklungen wird über eine stärkere Regulierung der Finanzmärkte
nachgedacht. Über viele Jahre wurde völlig ausser Acht gelassen, dass eine
funktionsfähige Marktwirtschaft einen stabilen ordnungspolitischen Rahmen
braucht.»[15] Letztlich war es, so Peter Witterauf, auch die «Gier nach Geld», die
zu den Fehlentwicklungen geführt hat: «Auf der Jagd nach immer höheren Er-
trägen gingen die Massstäbe für verantwortungsbewusstes Handeln verloren. Zu
einem stärkeren Verantwortungsbewusstsein der Banken gehört aber vor allem
auch eines: Sie müssen die Verantwortung und die Konsequenzen für Verluste
übernehmen! Es kann und darf nicht sein, dass horrende Gewinne in Privat-
vermögen verschwinden, für Verluste aber der Steuerzahler haften soll.»[16]

Die Finanzkrise lässt sich offenbar nicht mit jenen Mitteln bewältigen, die
sie verursacht hat. Alternativen sind gefragt. Dabei gilt es, die Verdrängung der
Krise hinter der Finanzkrise zu berücksichtigen. Symbolisch ausgedrückt: Der
Schweizer Bundespräsident Hans-Rudolf Merz erlitt im Herbst 2008 einen
Herzstillstand. Das war tragisch. Aber die «Maschine» ist geflickt und funktioniert wieder besser denn je, so Merz.[17] Er stellte (zumindest in der Öffentlichkeit) seine Herzattacke wie ein Ereignis dar, das über ihn hereinbrach, als ob
es mit ihm und seiner Lebensweise nichts zu tun habe. Wenn wir so mit der

---

14 Vgl. Die Zeit, 13.1.2008, 1.
15 Peter Witterauf, *Die internationale Finanzkrise – Ursachen, Auswirkungen und Konsequenzen*,
    in: Argumentation kompakt (hg. von der Hanns-Seidel-Stiftung), 13.10.2008, 4.
16 Ebd.
17 Vgl. die Fernsehsendung «Arena» in SF 1 vom 7.11.2008. Ähnlich äusserte sich der Bundes-
    präsident auch in der «Samstagrundschau» von Radio DRS vom 12.11.2008.

Finanzkrise umgehen und das Unbequeme verdrängen, ereilt uns wohl bald ein noch gravierenderer Einbruch. Probleme lassen sich nicht mit den gleichen Mitteln lösen, die die Probleme verursacht haben.

Nach seinem zweiten Herzinfarkt erzählte mir auch ein Manager eines grossen Schweizer Konzerns, er wolle jetzt nur noch vorwärtsschauen und sich nicht mit dem befassen, was war. Aber mit so einer Flucht nach vorne läuft dieser Manager Gefahr, einen dritten Infarkt zu erleiden. Probleme lassen sich nicht lösen, indem wir sie umgehen. Das gilt für Individuen sowie für gesellschaftliche Systeme, die ebenfalls hyperventilieren können. Aus den Augen, aus dem Sinn. Das galt bislang beispielsweise auch für den Umgang mit unserem Bank- (kunden-) geheimnis, das nicht erst Bundesrat Merz (trotz erheblicher Kritik) jahrelang auf die lange Bank schob.[18] Das Igelmuster ist bekannt und durch ein Rückzugsverhalten gekennzeichnet. Es hat auch eine kompensatorische Kehrseite, wie die voreilige Bankenunterstützung und grosszügige Subventionierung der UBS-Boni durch den Bundesrat zeigt: Heute handeln, morgen denken, lautete das Motto. Aber das funktioniert nicht. Wer vom Problem direkt zu den Lösungen vordringen will, schiesst über das Ziel hinaus. Die Flucht nach vorne gehört zu derselben Medaille wie der Rückzug ins Schneckenhaus.

Die Finanzkrise ist also nicht neu. Sie hat viel mit dem (angelsächsisch geprägten) wirtschaftlichen Neoliberalismus zu tun, der darauf abzielt, die Verluste zu sozialisieren und die Gewinne zu maximieren bzw. zu privatisieren. Die neoliberale Ideologie setzt sich über die Maximen des politischen Liberalismus und ethischer Soziallehren hinweg, die eine soziale Verträglichkeit des Eigentums bzw. eine Verantwortung aus dem Eigentum postulieren. Die neoliberale Ideologie favorisiert auch das fiktive Kapital, das produktiver zu sein scheint als die reale Arbeit. Sie privilegiert das Kapital ebenfalls steuerlich, während sie die Arbeit streng registriert und belangt. Die Finanzkrise fällt nun zunehmend auf die Realwirtschaft zurück. Sie trifft dabei besonders jene, die über wenige Ressourcen[19] verfügen. Sozial Benachteiligte müssen keine Million Franken verlieren, um die Krise zu entdecken. Sie spüren die Folgen schon lange: durch Lohneinbussen und durch die Prekarisierung der Ar-

---

18 Bundesrat Merz rechtfertigte sein Verhalten mit den Worten, man hätte ihn ja für verrückt erklärt, wenn er ohne Druck von aussen das Bankgeheimnis gelockert hätte. Nach Ulrich THIE-LEMANN, *Zurück zur Moral*, Tagesanzeiger-Magazin Nr. 17, 25.4.09, 14 bzw. 12–18.

19 Mit Ressourcen sind hier nach Pierre BOURDIEU, *Die feinen Unterschiede*, Frankfurt a. M. 1982, das ökonomische Kapital (Geld), das soziale Kapital (Netzwerke) und das kulturelle Kapital (Ausbildung) gemeint.

beit.[20] Eine Million Menschen leben in der Schweiz entweder in Haushalten erwerbstätiger Armer, so genannter Working poor[21], oder sie sind arbeitslos, von der Sozialhilfe abhängig oder aus psychischen Gründen behindert. Bislang liessen sich einige von ihnen einreden, sie hätten früher in der Schule besser aufpassen müssen, dann würden sie heute auch mehr verdienen. Inzwischen belegen mehrere Studien, wie einseitig die Produktivitätsgewinne, die Vermögen und die verfügbaren Einkommen verteilt sind.[22]

Seit den rezessiven Einbrüchen der 1970er Jahre und insbesondere seit dem hoffnungsvollen Fall der Berliner Mauer im Jahre 1989 hat sich die Kluft bei den Vermögen und bei den verfügbaren Einkommen vertieft.[23] Das empört viele. Vor allem auch sozial Benachteiligte. Die transparenter gewordenen Ungerechtigkeiten führen dazu, dass resignative Verstimmung da und dort in Wut umschlägt. Hoffentlich fördert die Krise die Solidarität untereinander. Vielleicht nähern sich sogar das ebenfalls betroffene (Klein-) Gewerbe und die Gewerkschaften an.[24] Von alleine kommt der Schulterschluss aber kaum zustande. Konkrete Handlungsalternativen sind nötig, sonst gelingt es neopopulistischen Kräften (noch mehr), die Wut und Verunsicherung für autoritäre Ordnungsstrategien zu instrumentalisieren, die Halt vermitteln, indem sie pauschalisieren und

20 Vgl. CARITAS SCHWEIZ (Hg.), *Prekäre Arbeitsverhältnisse in der Schweiz. Ein Positionspapier,* Luzern 2001.

21 Das Bundesamt für Statistik hat am 21.4.2009 neue Berechnungen zu den Working poor in der Schweiz vorgelegt. Rund 150'000 Werktätige seien betroffen. Als Working poor gilt nur, wer mindestens 36 Stunden pro Woche erwerbstätig ist. Damit entfällt die grosse Gruppe der Alleinerziehenden, die wegen Haus- und Betreuungsarbeiten weniger Lohnarbeit verrichten. Zudem übergeht das Bundesamt für Statistik alle Kinder und weiteren Haushaltsangehörige, die den Anteil der Betroffenen mehr als verdoppeln. Als Berechnungsansatz zählt das Existenzminimum der Sozialhilfe. So lassen sich viele Working poor wegdefinieren.

22 Vgl. dazu OECD (Hg.), *Growing Unequal?* Income Distribution and Poverty in OECD Countries, Paris, Oktober 2008, und CREDIT SUISSE (Hg.), *Das verfügbare Einkommen in der Schweiz,* Zürich, November 2008. In Basel-Stadt ist die Kluft bei den Vermögen besonders ausgeprägt. Rund 1% der privaten Steuerpflichtigen verfügen über gleich viel steuerbares Nettovermögen wie 99% (und 70% der Steuerpflichtigen verfügen über kein steuerbares Nettovermögen).

23 Auch die Produktivitätsgewinne wurden zunehmend privatisiert. «Die volkswirtschaftliche Wertschöpfung ist massiv zugunsten des Kapitals und des Managements umgeleitet worden», sagt Thielemann, vgl. DERS., a. a. O. (Anm. 18), 18.

24 Auch Teile der Mittelschicht sind betroffen. Besonders jene, die sich besonders flexibel verhalten (müssen). Bislang führte die berufliche Mobilität überwiegend dazu, das Haushaltseinkommen zu verbessern. Inzwischen häufen sich (nach der Schweizerischen Arbeitskräfteerhebung, SAKE 08) in der so genannten Mittelschicht die finanziellen Abstiege.

simplifizieren. Es gibt aber keine Alternative zum manchmal mühsamen, aber interessanten und bitter nötigen Versuch zu differenzieren.

Der wirtschaftliche Liberalismus, der stets auf Deregulierung drängte, stellt nun die Finanzkrise als Beleg für das Staatsversagen dar. Er wendet sich auch gegen den sozialen Ausgleich. In Deutschland fordern beispielsweise Gewerkschaften einen Mindestlohn von 7,50 Euro. Weniger verdienen 11% der Arbeitnehmenden im Westen und 21% im Osten.[25] Sie alle erhalten Löhne unter diesem niedrigen Ansatz. Aber das ist laut NZZ nicht das Problem. Das Problem sei vielmehr die verlangte Lohnerhöhung. Die Gewerkschaften gefährdeten so diese billigen Arbeitsplätze. Die ebenfalls geforderte Reichtumssteuer[26] bezeichnet die NZZ als populistische Neidsteuer. «Solche Vorschläge zur Ausbeutung einer kleinen Minderheit sind nicht nur populistisch, sondern auch kontraproduktiv», kritisiert die NZZ. Die Reichtumssteuer fördere nämlich die Steuerhinterziehung! Der wirtschaftliche (Neo-) Liberalismus versucht (im Gegensatz zum politischen Liberalismus), die Kluft zwischen Arm und Reich zu legitimieren und den sozialen Ausgleich zu diffamieren.

Neue soziale Fragen

Die neuere Armutsforschung befasst sich intensiv mit Fragen der Integration und des Ausschlusses. Die beiden Begriffe deuten an, dass die Armutsfrage weit über den finanziellen Kontostand und die materielle Versorgung hinausreicht. Relationale und soziale Bezüge stehen im Vordergrund. Neue soziale Differenzierungen verändern im Kontext der Individualisierung alte Klassen- und Schichtkonzepte. Aber wie? Geschieht dies in ergänzender oder ersetzender Weise? Kennzeichnen Prozesse der (Des-) Integration und des Ausschlusses eine neue soziale Frage, die weniger stark durch die materielle Not geprägt ist als die alte? Der Ausschluss gilt jedenfalls weithin als neue soziale Frage des 21. Jahrhunderts. Er dokumentiert eine besondere Form der sozialen Ungleichheit. Aber sind damit frühere Klassenanalysen passé, die die alte soziale Frage als Arbeiter- und Armutsfrage verstanden?

---

25 Vgl. NZZ, 16.4.09, Nr. 87, 21, die sich auf Berechnungen des Instituts der deutschen Wirtschaft in Köln bezieht.

26 Die NZZ, ebd., bezeichnet den Vorschlag, die Progression bei der Einkommens- und Vermögenssteuer anzuheben, als «Griff der Linken in die steuerpolitische Mottenkiste». Er soll auch staatliche Massnahmen zur Bekämpfung der Finanzkrise kompensieren.

Im Rahmen des Nationalfondsprogramms «Integration und Ausschluss» (NFP 51) wurde untersucht, wie die Sozialhilfe auf die zunehmenden Fälle reagiert und wie sich die Kategorisierung auswirkt, nach der die Sozialhilfe ihre Klientel einteilt.[27] Die Sozialhilfe konzentriert ihre Anstrengungen auf Sozialhilfeabhängige, die noch gute Chancen haben, im ersten Arbeitsmarkt eine Beschäftigung zu finden. Wer zu dieser ersten Gruppe gehört, erhält weniger Mittel für den Grundbedarf, aber mehr Geld, wenn die Erwerbsintegration zustande kommt. Die finanziellen Anreize erweitern den Handlungsspielraum. Etliche Sozialhilfeabhängige schätzen das. Sie fühlen sich ernst genommen, stärker beachtet und akzeptieren mögliche finanzielle Einbussen. Andere Sozialhilfeabhängige fühlen sich durch die privatisierten Risiken mehr gestresst. Sie erleben unter diesen Bedingungen selbst die erfolgreiche Erwerbsintegration als Ausschluss. Denn diese findet primär im prekären Niedriglohnsektor statt, was soziale Beziehungen belastet und zu einem (Teil-) Ausschluss durch Integration führen kann. Eine zweite Gruppe bilden die Personen, die zwar nicht mehr für den ersten Arbeitsmarkt in Frage kommen, aber für den zweiten, geschützten Arbeitsmarkt oder für Gegenleistungsmodelle. Bei den Gegenleistungen hängt die Unterstützung von der Bereitschaft ab, eine sozial, kulturell oder ökologisch relevante Arbeit zu verrichten.

Eine dritte Gruppe bilden Sozialhilfeabhängige, die sich laut Sozialhilfe weder in den ersten Arbeitsmarkt integrieren können, noch in der Lage sind, als Gegenleistung für ihre Unterstützung gemeinnützige Tätigkeiten zu verrichten. Sie erhalten das Geld nun mit weniger Auflagen. Den einen entspricht diese Vereinfachung. Sie können auf Pro-forma-Bewerbungen verzichten und mehr das tun, was sie gerne tun. Der Ausschluss aus der Erwerbsarbeit gibt ihnen die Möglichkeit, sich um ihre soziale Integration zu kümmern. Andere, die zu dieser dritten «Gruppe der Ausgemusterten» gehören, suchen verzweifelt einen «richtigen Job».

Eine frühere Armutsstudie[28] untersuchte bereits die Dynamik zwischen Integration und Ausschluss. Damals überwog der Eindruck, bei den Armutsbetroffenen seien insbesondere die Working poor als erwerbstätige Arme relativ gut integriert. Sie bräuchten, wie Alleinerziehende, vorwiegend Geld, um ihre existenziellen Bedürfnisse zu befriedigen. Die neuere Studie über Working poor[29]

---

27 Vgl. Stefan Kutzner/Ueli Mäder/Carlo Knöpfel/Claudia Heinzmann/Daniel Pakoci, *Sozialhilfe in der Schweiz*, Zürich 2009.

28 Vgl. Ueli Mäder/Franziska Biedermann/Barbara Fischer/Hector Schmassmann, *Armut im Kanton Basel-Stadt*. Social Strategies, Basel 1991.

29 Vgl. Kutzner/Mäder/Knöpfel/Heinzmann/Pakoci, a. a. O. (Anm. 27).

stellt indes eine Kumulation sozialer Probleme fest, die sich mit anhaltender Abhängigkeit ergibt. Sie analysiert auch die soziale Lage von 140 ehemaligen Working poor, die mittlerweile ihre finanzielle Situation verbesserten. Von ihnen erzielten rund 25% mehr Einkommen dank Weiterbildung. Weitere 25% erhöhten ihr Salär, weil sie zusätzliche Jobs zu vorwiegend prekären Arbeitsbedingungen annahmen. Weitere 25% stabilisierten ihre Situation über eine Sozialversicherung (AHV, IV). Die restlichen 25% steigerten ihr Einkommen durch die Veränderung der Lebensform, beispielsweise durch Heirat (mit Doppelverdienst) oder durch endende Unterstützungspflichten (Auszug von Kindern). Die Integration im einen Bereich basierte meistens auf dem Rückzug aus einem andern.

Bei der früheren Basler Armutsstudie von 1991 fiel auch ein starker innerer Rückzug sozial Benachteiligter auf. Viele der interviewten Armutsbetroffenen fühlten sich relativ stark für Verhältnisse verantwortlich, die primär gesellschaftlich verursacht sind. Ihr Rückzug erklärt sich teilweise durch den hohen gesellschaftlichen Individualisierungsgrad und die verbreitete Tabuisierung der Armut. Das Schweigen führt dazu, dass Betroffene nach aussen den Anschein erwecken, alles sei in bester Ordnung, auch wenn sie selbst einen hohen Leidensdruck verspüren. Heute weisen etliche Anzeichen darauf hin, dass sich resignative Haltungen und depressive Verstimmungen teilweise auch in Empörung verwandeln. Das mag mit Schlagzeilen über «abgehobene Managerlöhne» und mit der persönlichen Wahrnehmung sozialer Ungleichheit zu tun haben. Wenn Eltern erleben, wie ihre Kinder keine Lehrstelle finden, während andere sehr hohe Saläre erzielen, empfinden sie Wut. Diese kann sich unterschiedlich auswirken. Die Empörung kann die Bereitschaft fördern, sich mehr für eigene Interessen einzusetzen. Sie kann aber auch die Gefahr erhöhen, Halt bei autoritären und populistischen Kräften zu suchen, die eine rigide Ordnungsruhe mit strukturellen Ausgrenzungen anstreben.

Prekarisierung der Arbeit (oder: Unsicherheit und Verwundbarkeit)

Die soziale Unsicherheit kehrt heute vermehrt in die reichen Gesellschaften zurück. Vor allem über strukturelle Veränderungen in der Arbeitswelt. «Normale Arbeitsverhältnisse» erodieren, auch in «Mittelschichten». Die Folgen sind Prekarität, Abstieg und Ausgrenzung. So bezeichnen Robert Castel und Claus Dörre die zentralen Problemfelder der neuen sozialen Frage zu Beginn des 21. Jahrhunderts in ihrem Buch «Prekarität, Abstieg, Ausgrenzung. Die soziale Frage am Beginn des 21. Jahrhunderts».

Vier Gruppen sozial Benachteiligter stehen im Vordergrund: Erstens «die Überzähligen». Ihr Ausschluss aus dem formellen Erwerbssystem führt zur räumlichen und sozialen Ausgrenzung. Zweitens «die Prekarier». Bei ihnen verstetigen sich unsichere Beschäftigungen und Lebensformen. Drittens «die Absteiger». An ihnen zeigt sich, wie sich Verunsicherung bereits in der Mitte der Gesellschaft verbreitet. Und viertens «die (Un-) Solidarischen». Sie organisieren sich als «Unorganisierbare». Die Prekarisierung erweitert die begrifflich enger gefasste Exklusion. Die soziale Frage umfasst heute mehr als das Herausfallen aus der Funktionslogik gesellschaftlicher Subsysteme.

Die Unsicherheit kennzeichnet die gesellschaftliche Entwicklung. An ihr leiden unzählige Menschen in den westeuropäischen Ländern. Sie tun dies seit dreissig Jahren wieder vermehrt. Bis Mitte der 1970er Jahre profitierten die Lohnabhängigen vom sozialen Kompromiss des industriellen Kapitalismus. Seither sind die Individuen immer mehr auf sich selbst gestellt. Sie leben «von der Hand in den Mund» und bangen um ihre Zukunft. Die Erwerbstätigen erfahren, wie sich die Arbeitsorganisation individualisiert. Flexibilität und Mobilität gewinnen an Bedeutung. Privilegierte Erwerbstätige würdigen die unternehmerische Innovation als Emanzipation von bürokratischen Zwängen. Immer mehr Lohnabhängige verlieren hingegen viel Boden unter den Füssen. Die neoliberalen Transformationen führen – quasi planwirtschaftlich – zu Massenentlassungen. Der Abstieg bedrängt heute immer mehr Menschen. Die Prekarisierung destabilisiert die soziale Sicherheit. Sie tangiert die über Jahrzehnte erkämpfte kollektive Sicherung. Der Sozialstaat begrenzt zwar soziale Risiken, trägt jedoch wenig zur strukturellen Umverteilung bei.

Die Transformationen haben auch Folgen für die Sozialstruktur. Sie sind allerdings schwieriger zu fassen und vollziehen sich versteckt. Die vielen Entwerteten bilden keine neue, einheitliche Unterschicht. Der Ausschluss vom gesellschaftlichen Verkehr erweckt zwar den Anschein einer klar beschreibbaren Existenz ausserhalb der Gesellschaft. Diese Betrachtung ist jedoch zu statisch. Sie vernachlässigt die verschiedenen Stadien der Verwundbarkeit, die voneinander zu unterscheiden sind und doch zusammenhängen. Betroffene reagieren auf die «kollektive Entkoppelung» mit Ressentiments. Dieses gemeinsame Merkmal reicht aber nicht aus, um von einer neuen Klasse reden zu können. Zudem erreichen soziale Strukturen noch breite Teile der Bevölkerung.

Neue Unwägbarkeiten beeinträchtigen im Finanzmarkt-Kapitalismus auch gut betuchte «Mittelschichtsgruppen». Die finanzkapitalistische Landnahme hat eine historisch neue Form der Prekarität hervor gebracht und den fordistischen Typ der Lohnarbeit verdrängt. Eine erste Form von Prekarität entstand bereits zuvor durch die frühkapitalistische Lohnarbeit. Sie vereinnahmte die Werktätigen, bevor sie aus Gewohnheit und Erziehung die Anforderungen der neuen Produktionsweise als natürlich erachteten. Das wirtschaftliche System benötigte eine subproletarische Reservearmee. Und die qualifizierten Fachkräfte konnten sich zunächst über diese Prekarität erheben. Eine gewisse Entprekarisierung brachte dann die fordistische Landnahme. Sie überlagerte gewachsene Sozialbeziehungen mit wohlfahrtsstaatlichen Einrichtungen. Das Regime der organisierten Zeit integrierte und disziplinierte die arbeitende Klasse. Die Vollbeschäftigung kam mit eher marginaler Prekarität aus. Der florierende Kapitalismus schien keine Reservearmee mehr zu benötigen. Er behandelte aber faktisch die Frauen als solche.

Heute ist die fordistische Gestalt mit eher marginaler Prekarität weitgehend passé. Seit den 1970er Jahren setzte sich vor allem die finanzgetriebene Landnahme durch. Sie verbindet die Kapitalakkumulation, die von der relativen Dominanz des Anlagekapitals ausgeht, mit den flexibel-marktzentrierten Produktionsmodellen und Regulationsdispositiven. Die finanzgetriebene Landnahme privatisiert die marktförmige Wettbewerbsfähigkeit gegenüber dem Solidarprinzip. So ist ein Regime der kurzzyklischen Zeit entstanden. Löhne, Arbeitszeiten und Arbeitsbedingungen sind zu Restgrössen verkommen. Sie werden flexibel an fremdbestimmte Auftragslagen angepasst. Geplante Gewinnmargen geben den Ton an. Finanzmarkt-Kapitalismus und Prekarität sind somit zwei Seiten einer Medaille. Auch der Staat hat sich an dieser Landnahme zu orientieren. Er tut dies beispielsweise, indem er die öffentlichen Verwaltungen nach Prinzipien des New Public Management konzipiert.

Ein «neuer Geist des Kapitalismus» kennzeichnet die finanzgetriebene Landnahme. Er ideologisiert die Freiheit als kapitalistische Restrukturierung im Namen von Eigenverantwortung. In westlichen Industrieländern haben allerdings die Mehrzahl der Beschäftigten noch formal geschützte Arbeitsplätze. Gleichwohl vollzieht sich ein Übergang von marginaler zu disqualifizierender und diskriminierender Prekarität. Die Prekarisierung ist je länger desto weniger eine Exklusion sozial Randständiger. Sie äussert sich vielmehr in drei Strukturformen. Am unteren Ende befinden sich erstens die Überzähligen. Dazu gehören vor allem die Arbeitslosen, wobei die aktivierende Arbeitsmarktpolitik die exkludierende Wirkung weiter verstärken kann. Die Ausgrenzung vollzieht sich nicht als Ausschluss aus der Gesellschaft, sondern innerhalb der Gesellschaft und teilweise sogar durch soziale Einrichtungen. Von den so beschriebenen Überzähligen lassen sich dann zweitens jene Prekarisierten abgrenzen, die beispielsweise als Leiharbeitende eine unsichere, niedrig entlohnte Arbeit haben. Eine versteckte Form von Prekarität existiert drittens innerhalb formal noch sicher Beschäftigten. Sie müssen ständig fürchten, ihren Status ebenfalls zu verlieren.

Die aktuelle Konfliktformation unterscheidet sich indes deutlich von der eines industriellen Klassenkonflikts. Konkurrenz gehört zwar immer zum Alltag sozialer Klassen. Vom Abstieg bedrohte (Fach-) Arbeitende und Angestellte haben jedoch Sozialeigentum, das sie verteidigen wollen. Prekär Beschäftigten fehlt dieses Privileg. Die einen kämpfen darum, eine Normalität in Arbeit und Leben zu erhalten, an die andere gerne anschliessen möchten. Diese Spaltung entsolidarisiert. Sie lässt aber auch die brisante Staatsbedürftigkeit wieder erstarken. Unter dem Druck der Finanzkrise schwingt offenbar das Pendel wieder mehr vom Markt zum Staat. Vielleicht kündet sich somit eine neue Periode des Sozialstaatsinterventionismus an. Aber dieser führt nicht einfach zu einer Entprekarisierung. Der Staat kann egalitär und sozial(demokratisch) handeln, aber auch autoritär-repressiv und (rechts-) populistisch. Die egalitäre Sozial-Politik ist im Neoliberalismus in die Defensive geraten.

Subsidiarität und Solidarität

Im «Post-Wohlfahrtsstaat» findet ein Paradigmenwechsel statt. Er führt von einer statusorientierten Sozialpolitik zu einer sozialinvestiven Sozialpolitik.[30] Im Vordergrund steht das Konzept eines aktivierenden Sozialstaates, der die Verantwortlichkeiten zwischen Markt, Staat und Zivilgesellschaften neu aufteilen und die Rechte und Pflichten gesellschaftlicher Akteure neu definieren soll. Seit einigen Jahren vollzieht auch die Schweiz einen Umbau vom keynesianischen Wohlfahrtsstaat zum neoliberalen Post-Wohlfahrtsstaat. Das zeigt sich in der Arbeitsmarkt- und Sozialpolitik.[31] Es gibt aber auch gegenläufige Tendenzen, die, seit der Finanzkrise verstärkt, neue Verbindlichkeiten postulieren – auf individueller, gesellschafts- und wirtschaftspolitischer Ebene. Und dies aus gutem Grund. Zwangsgeborgenheiten und enge soziale Kontrollen prägen kleinräumige, gemeinschaftliche Lebensweisen. Sie machen verständlich, weshalb viele Menschen städtische Freiheiten und sachlich distanzierte Sozialbeziehungen favorisieren. Diese erweisen sich aber als recht brüchig und kühl. Das mag die Bereitschaft fördern, wieder verbindlichere soziale Beziehungen einzugehen, und zwar nicht

---

30 Vgl. Birgit Bütow/Karl August Chassé/Rainer Hirt (Hg.), *Soziale Arbeit nach dem Sozialpädagogischen Jahrhundert*. Positionsbestimmungen Sozialer Arbeit im Post-Wohlfahrtsstaat, Opladen 2007.

31 Vgl. Kurt Wyss, *Workfare*. Sozialstaatliche Repression im Dienst des globalisierten Kapitalismus, Zürich 2007.

wie früher aus Angst oder Not, sondern frei gewählt und aus dem Bewusstsein, dass Risiken zu mindern sind. Neue Komplexitäten erfordern und fördern ein Differenzierungsvermögen, das pluralistische Strukturen berücksichtigt. Ältere Identitätskonzepte basierten auf relativ einheitlichen sozialen Voraussetzungen. Die viel gepriesene Authentizität strebte eine möglichst umfassende Kongruenz (zwischen Anspruch und Wirklichkeit) an. Heute ist es unabdingbar, Identitäten zu entwickeln, die Widersprüche zulassen und in der Lage sind, mit Offenheiten umzugehen, ohne alles offen zu lassen und in Beliebigkeit abzudriften. Neue Identität zeichnet sich durch die Bereitschaft aus, Ambivalenzen einzugestehen. Sie entsagt jener bedrückenden Gemütlichkeit, die trügerisch Halt verspricht, erfordert aber klare Verbindlichkeiten, die zwischen allen Beteiligten auszuhandeln sind. Dies vor allem auch auf übergeordneter Ebene. Eine starke Wirtschaft benötigt ein starkes politisches und gesellschaftliches Korrektiv. Freiheit setzt Sicherheit voraus.[32]

Das Ethos einer «subsidiären Solidarität» beruht auf einem demokratischen Handlungsprinzip, das die Selbstinitiative favorisiert. Ansatzweise äussert sich das Prinzip in neuen sozialen Bewegungen und neuer sozialer Ökonomie. Wichtige Kennzeichen sind der Schutz der Schwachen und die gegenseitige Hilfe. Die «subsidiäre Solidarität» zielt auf eine «Subsidiarisierung des Alltags» ab. Die Subjektwerdung ist die Voraussetzung für das Ethos einer «subsidiären Solidarität». Dazu gehören die Selbstbestimmung, die nicht entfremdete Arbeit, die Einmischung in die Politik, der Zusammenschluss von Betroffenen, vielfältige Formen der Vernetzung, der ökologische Konsum sowie ein Wertewandel, der weg von der einseitig materialistischen Orientierung führt. Die «subsidiäre Solidarität» impliziert eine gesellschaftliche Solidarität. Sie setzt bei den einzelnen an, die sozial eingebunden und zur aktiven Solidarität mit andern zu befähigen sind. Grundlage sind aber gesellschaftliche Strukturen, die soziale Verbindlichkeiten garantieren. Als «solidarische Subsidiarität» bezeichnet Michael Opielka Konzepte einer alternativen Sozialpolitik, die in der Tradition frühbürgerlicher und sozialromantischer Sozialutopien eine solidarische Selbsthilfe und Selbstorganisation proklamieren.[33] Vom Staat verlangen sie Zurückhaltung sowie eine soziale Infrastruktur, die die Selbst- und Gemeinschaftshilfe unterstützt. Die «solidarische Subsidiarität» bedeutet im Sinne des englischen «engagement» und «commitment» Verpflichtung und Verbindlichkeit. Sie beinhaltet ein sozialpolitisches

32   Vgl. Erwin Carigiet/Ueli Mäder/Michael Opielka/Frank Schulz-Nieswandt (Hg.), *Wohlstand durch Gerechtigkeit*, Zürich 2006.
33   Vgl. Michael Opielka, *Sozialpolitik*, Reinbek 2004.

Verständnis, das weit über den Familienkreis hinausreicht, und postuliert eine Autonomie, die sozial verknüpft ist und nicht jenem sozial entpflichteten Liberalismus entspricht, der das Gemeinwohl einseitig aus dem Eigennutz ableitet.

Die sozialphilosophische Dogmengeschichte stellt das Individuum der Gemeinschaft und Gesellschaft gegenüber. Es scheint eine unabhängige Einheit zu sein, die über einen freien Willen verfügt und sich selbst Grenzen setzt. Das Individuum wird aber erst durch die Gesellschaft zu dem, was das soziale Wesen ausmacht. Die individualistische Selbstverantwortung geht davon aus, dass es prinzipiell allen möglich ist und zugemutet werden kann, für sich zu sorgen. Sie orientiert sich am Leitbild selbständiger Menschen. Diese nehmen ihr Schicksal in die Hand, sind leistungsfähig und schätzen den Wettbewerb als Antrieb zu höheren Leistungen. Wo ein Wille vorhanden ist, ist aber nicht immer ein Weg. Menschen sind auf Unterstützung angewiesen. Die Selbsthilfe wird dort wirksam, wo eine tragfähige Infrastruktur vorhanden ist. Die aktuelle Kommunitarismus-Debatte befasst sich mit dem Zusammenhang von Individualisierung und Solidarität. Die Kritik an dem extremen Liberalismus und dem sozial entpflichteten Individualismus fordert einen Gemeinsinn mit zivilgesellschaftlicher Tugend und eigenwilligen, sozial eingebundenen Individuen. Keupp verwendet in diesem Zusammenhang den Begriff «kommunitäre Individualität», der die individuelle Lebensgestaltung und soziale Verantwortung verknüpft.[34] Die persönliche Entscheidungsfreiheit realisiert sich in einem sozialen Netz, das Risiken mindert und Freiräume ermöglicht. Keupp zeigt unter den Voraussetzungen zunehmender Fragmentierung und Dezentrierung die Vorteile einer «Patchwork-Identität» auf, bei der das Subjekt zum Konstrukteur seiner eigenen Person wird und sich von den Erwartungen des Umfeldes abnabelt. Damit ist nicht das Ende des Sozialen gemeint. Keupp grenzt die Patchwork-Identität von der beliebig multiplen ab. Unter den Bedingungen der Pluralisierung ist es bei den vielfältigen Erwartungen besonders wichtig, seine eigene zu definieren. Zur «Identität der pluralistischen Gesellschaft» zählt Keupp das «reflexiv-kommunitäre Ich», das sich vom proteischen wie vom fundamentalistischen Selbst unterscheidet und zur reflexiven Moderne passt. Zum proteischen gehört die «allseits fitte Person». Sie sucht keinen persönlichen Kern, legt sich nie definitiv fest. Das fundamentalistische Selbst setzt auf ewige Wahrheiten und paart sich mit dem nationalen Grössenselbst. Das reflexiv-kommunitäre Selbst versteht sich im kommunitären Sinne als Alternative zum liberalistischen. Es lehnt die Fiktion eines ungebundenen Selbst ab. Damit die postulierte Subsidiarität zum Tragen kommt, ist eine strukturelle gesellschaftliche Solidarität nötig, die sich an Prinzipien des sozialen

34 Vgl. Heiner KEUPP, *Identitätskonstruktionen*, Hamburg ²2002.

Ausgleichs und einer Gerechtigkeit orientiert, die sich nicht über einen abstrakten Marktmechanismus konstituiert.[35]

Sozialistische Option

Wer ein Problem bewältigen will, muss zunächst versuchen, die Ursachen und die Ursachen der Ursachen zu ergründen. Auslöser der Finanzkrise waren gewiss die fahrlässigen Liegenschaftskredite in den USA, die grossen Risiken für hohe Renditen und die verdeckte Weitergabe von Papieren ohne Wert. Aber die Finanzkrise ist viel älter und umfassender. Sie dokumentiert auch das Gewinn- und Konkurrenzdenken, die Marktgläubigkeit und die Diffamierung des öffentlich-rechtlichen Korrektivs. Die Finanzkrise ist auch eine System-, Orientierungs- und Sinnkrise. Hoffentlich regt uns die Krise dazu an, wieder mehr nach dem Sinn dessen zu fragen, was wir tun. Schneller ist nicht immer besser. Und die permanente Optimierung der Effizienz erweist sich oft als bürokratischer Leerlauf und unproduktiver Stress. Vordringlich ist eine bessere Verteilung von Arbeit und Einkommen. Aber welche Arbeit zu welchem Preis? Und wie geregelt? Wenn wir mehr Ramsch produzieren, erhöht diese Arbeit zwar das Bruttoinlandprodukt, aber sie bringt, ökologisch und ökonomisch, mehr Kosten als Erlös. Die Wertschöpfung eines Arbeitslosen ist höher als jene eines Arbeiters, der irgendwelchen Plastik-Schnickschnack herstellt. Und die Reichen, die ihr Geld arbeiten lassen, sind mit ihren überhöhten Ansprüchen längst unbezahlbar. Wir können sie uns so nicht mehr leisten. Halten wir uns persönlich also mehr an die sinnvolle Arbeit. Beachten wir auch stärker die unbezahlte Arbeit.[36] Und erhöhen wir die soziale Sicherheit, indem wir Arbeit und Einkommen (nur) teilweise voneinander entkoppeln und beispielsweise die Ergänzungsleistungen[37] auf alle Haushalte mit zu wenig Einkommen ausweiten. So wie die AHV-Renten rentieren, würden auch diese zusätzlichen Ausgaben rentieren, den Menschen mehr Freiheit ermöglichen und das kreative Potenzial fördern.[38] «Soyez réalistes, demandez l'impossible» hiess ein 1968er-Slogan. Oder anders ausgedrückt: Die konkrete Utopie ist Teil der Realität. Meine Vision: Wir begrenzen die obersten Einkommen auf das Doppelte der untersten. Oder etwas reformistischer: auf das

---

35 Vgl. Ueli Mäder, *Subsidiarität und Solidarität*, Bern 2000.

36 Sie übersteigt in der Schweiz (mit rund 8 Mrd.) Stunden die bezahlte Arbeit (von rund 6,5 Mrd. Stunden).

37 Sie gelten jetzt nur für AHV- und IV-Bezügerinnen und -Bezüger.

38 Die AHV-Leistungen fliessen direkt über Mieten und Konsumausgaben in die Wirtschaft. Sie schaffen Arbeitsplätze und haben eine höhere Wertschöpfung als viele Investitionen. Wobei die Renten auch sinnvoll wären, wenn sie finanziell nicht rentierten.

Dreifache. So käme das meritokratische Prinzip wieder mehr zur Geltung. Leistung soll sich lohnen. Deshalb sollten wir auch die grossen Erbschaften von über einer Million Franken, die nach oligarchischem Prinzip mehrheitlich an Millionäre gehen, national besteuern.[39] Wichtig sind aber auch sozial-ökologische und globale Veränderungen.

Es gibt in der Schweiz viel Reichtum ohne Leistung. Und es gibt auch viel Wachstum ohne Entwicklung. Daher erschallt überall der Ruf nach mehr Nachhaltigkeit. Aber wie nachhaltig ist die Nachhaltigkeit? Oft erweist sie sich als Alibi. Beispielsweise wenn der steigende Privatverkehr trotz Katalysator mehr Energie verbraucht. Nachhaltig sind gewiss antizyklische Investitionen in erneuerbare Energien. Da muss sich der Staat engagieren, wobei auch immer zu fragen ist, welcher Staat: der soziale Staat oder der ordnungspolitisch-finanztechnokratische? Investitionen in erneuerbare Energien sind also wichtig. Die Warnung vor der so genannten «Ökoblase» spricht nicht dagegen. Aber technizistische Lösungen sind von beschränkter Reichweite. Wir alle sind herausgefordert, unsere Ökobilanz radikal zu verbessern: vom privaten Auto- bis zum billigen Flugverkehr, der kommende Generationen belastet. Unsere Kinder verdienen etwas Besseres. Auch vor den Haustüren: mehr Grün und Wohn- statt Autostrassen. Leben statt Profit. Unsere Lebensqualität realisiert sich nicht im Quantensprung von Wurst mit Brot zu Schnitzel mit Pommes-Frites. Sie berücksichtigt auch lebensweltliche Qualitäten und den globalen sozialen Ausgleich.

Mit «Hoch die internationale Solidarität» ist eine politische, soziale, kulturelle und selbstverständlich auch wirtschaftliche Globalität gemeint. Sie unterscheidet sich deutlich vom Globalismus, der die Welt als Supermarkt und den Menschen als *homo oeconomicus* betrachtet (und auch den bornierten Provinzialismus schürt). Solidarität in der Globalität verlangt indes globalen Ausgleich. Sie verlangt von uns Privilegierten auch die Bereitschaft, faire und gerechte Preise zu bezahlen. Zum Beispiel für den Kaffee. Wenn die Preise für die industriellen Produkte steigen, die wir exportieren, dann sollte das auch bei den Rohstoffen und Primärgütern der Fall sein, die wir importieren. Mittlerweile erzielen aber viele Länder des Südens mit höheren Ausfuhren weniger Erlös. Mehr Leistung macht sich für sie nicht bezahlt. Was sie deprimiert, korrumpiert uns mit. Daher ist es gut, wenn wir uns auch wieder mehr für das (lebens-) weltliche Geschehen interessieren (im Sinne von: global denken, lokal handeln) und daran

---

39 Von den über dreissig Milliarden, die pro anno vererbt werden, gehen rund die Hälfte an Millionäre. Vgl. Kissling, a. a. O. (Anm. 1), 35.

erinnern, dass Menschen soziale Wesen sind. Die Wirtschaft braucht ein starkes demokratisch-politisches und zivilgesellschaftliches Korrektiv; sonst erhalten autoritäre Kräfte weiteren Auftrieb. Die Soziale Marktwirtschaft ist ein Schritt in diese Richtung, aber kein ausreichender.[40] Weiterführende demokratische und freiheitlich-sozialistische Konzepte drängen sich auf. Als konkrete Utopie bauen sie auf einen sozialen Ausgleich mit einer gerechteren Verteilung von Arbeit und Erlös.

---

40 Beim sozialen Engagement tun wir gut daran, auch ein Graffiti der autonomen Jugendbewegung zu beherzigen: Wir scheitern nicht an den Niederlagen, die wir erleiden, sondern an den Auseinandersetzungen, die wir nicht wagen.

Das Dilemma zwischen Sozialer Marktwirtschaft und Demokratie

Erfahrungen und Konsequenzen aus 60 Jahren Sozialer Marktwirtschaft

Charles B. Blankart

Der Sozialismus sowjetischer Prägung ist in Deutschland seit zwanzig Jahren überwunden. Ihm gegenüber hat sich sein Gegenmodell, die Soziale Marktwirtschaft, als erfolgreicher erwiesen. Doch allgemein akzeptiert ist die Soziale Marktwirtschaft bei Weitem nicht. Im Gegenteil, kaum war sie je so umstritten wie heute. Und dabei gibt es kein Alternativkonzept, das überzeugender wäre. Selbst ohne das Beiwort «Sozial» sind Märkte auch für die ärmsten Menschen vorteilhaft. Dies möchte ich in den folgenden Thesen 1, 2 und 3 begründen. In den Thesen 4 und 5 werde ich auf die Verbindung von «Sozial» und «Marktwirtschaft» eingehen. Es wird sich zeigen, dass ein Dilemma zwischen Marktwirtschaft und Demokratie besteht und dass die letztere die erstere zu untergraben droht. Mögliche Lösungen werden in den Thesen 6 und 7 aufgezeigt, Schlussfolgerungen in 8 gezogen.

These 1: Märkte fördern den allgemeinen Wohlstand.

Aus der Wirtschaftsgeschichte können wir entnehmen: Zivilisationen, denen es schon frühzeitig gelang, marktwirtschaftliche Elemente aufzunehmen, entwickelten sich rascher und erreichten ein höheres Wohlfahrtsniveau als solche, denen dies misslang. Berechnungen der OECD zufolge hingen China und Indien, deren Herrscher über mehr als tausend Jahre autoritäre Regime praktizierten und Freiheit sowie freie Märkte über lange Zeit unterdrückten, gegenüber den mehr marktorientierten Zivilisationen des Westens in der wirthaftlichen Entwicklung zurück. Zwar starteten alle diese Zivilisationen, wie Tabelle 1 zeigt, um Christi Geburt etwa mit dem gleichen Pro-Kopf-Einkommen und entwickelten sich in den folgenden 1500 Jahren in einem weitgehend stationären Gleichschritt. Dann aber überholten die Länder des Westens, die auf freie Märkte setzten, die Zivilisationen Asiens. In Asien kamen mehr oder weniger freie Märkte nur in Japan – etwa ab dem 17. Jahrhundert anfangs zögerlich, dann zunehmend – zum Einsatz. China und Indien stagnierten. Erst im allerletzten Vierteljahrhundert der betrachteten zwei Jahrtausende begannen zuerst China, dann Indien Märkte in grossem Stil zu entwickeln und aufzuholen. Entsprechend erzielten sie einen ganz erstaunlichen Zuwachs des Pro-Kopf-Einkommens.[1]

Tabelle 1: Reales Sozialprodukt pro Kopf in US Dollar vom Jahr 1 bis 2001

Jahr	1	1000	1500	1600	1700	1870	1950	2001
China	450	450	600	600	600	530	439	3583
Japan	400	425	500	520	570	737	1921	20863
Indien	450	450	550	550	550	533	619	1957
Westeuropa	*450*	*400*	*771*	*890*	*998*	*1960*	*4579*	*19256*
Ausläufer Westeuropas	400	400	400	400	476	2419	9268	26943
Welt	445	436	566	595	615	875	2111	6049

Quelle: Angus Maddison (2002)[2]

These 2: **Märkte fördern nicht nur den allgemeinen Wohlstand; sie tragen auch dazu bei, das Los der Ärmsten zu lindern.**

Zwar ist das Elend der Armen auf der Welt noch gross, aber die zunehmende Verbreitung von Märkten hat weltweit dazu beigetragen, deren Not zu lindern. Auch Kritiker können dies nicht ignorieren. Die folgende Abbildung 1 belegt, dass die Zahl derjenigen, die mit zwei Dollar pro Tag auskommen müssen, sich in den vergangenen dreissig Jahren halbiert hat, und dass die Zahl derjenigen, die nur einen Dollar zur Verfügung haben, sich im gleichen Zeitraum um zwei Drittel reduziert hat. Die *absolute Armut* ist also zurückgegangen. Doch die Kritiker – wie auch die UNO – bemängeln, die Kluft zwischen Reich und Arm werde immer grösser, die *relative Armut* nehme mithin zu. Ihre Argumentation beruht in der Regel auf zwei Schritten. Erst wird die Ungleichheit in den Ländern, dann zwischen den Ländern gemessen und anschliessend zusammengefasst. Weltweite Struktureffekte bleiben ausgeklammert. Diese Art von Berechnung ergibt die steigende Kurve in Abbildung 2. Jüngere Forschungen wie jene von

1 Eine ausführlichere Darstellung findet sich in: Charles B. BLANKART, *Föderalismus in Deutschland und in Europa*, Baden-Baden 2007.

2 Angus MADDISON, *The World Economy: A Millennian Perspective*. Development Centre Studies, Paris (OECD) 2002.

Sala-i-Martin zeigen jedoch ein anderes Bild. Fasst man die ganze Welt wie eine grosse Familie zusammen und betrachtet dann Reiche wie Arme, so hat die Kluft zwischen den beiden Gruppen abgenommen.[3] Die Fortschritte von China in den vergangenen dreissig Jahren und etwas später die von Indien, die beide auf den marktwirtschaftlichen Kurs eingeschwenkt sind, haben Erfolg gezeigt: Die Standardabweichungen vom Mittelwert haben unter dem Einfluss von Märkten ab- und nicht zugenommen. Anders gesagt: Das Gewicht von China und Indien, wo es den Armen heute besser geht, wirkt weltweit so stark, dass gegenläufige innerstaatliche Effekte mehr als kompensiert werden.

Nur Afrika bleibt mit seinen vielen Kriegen hinter diesem Trend zurück. Afrikas Tragik hat ihren Ursprung, anders als viele Globalisierungsgegner meinen, nicht in der Globalisierung, sondern im Zurückbleiben von Märkten, die eine Teilnahme an der Globalisierung erlaubt hätten.

Abbildung 1: Die weltweite absolute Armut seit 1970: Anteil der Weltbevölkerung mit weniger als 1(2) Dollar Einkommen am Tag

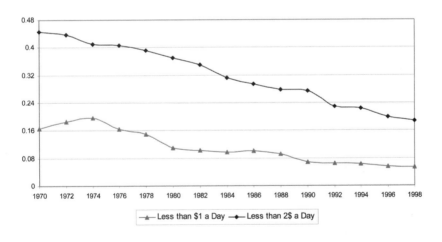

Quelle: Xavier SALA-I-MARTIN (2000) [4]

---

3   Abbildungen 1 und 2: Xavier SALA-I-MARTIN, *The Disturbing «Rise» of Global Income Inequality*, National Bureau of Economic Research, Cambridge Mass. 2002.

Abbildung 2: Nicht bevölkerungsgewichtete und bevölkerungsgewichtete Standardabweichungen der Pro-Kopf-Einkommen

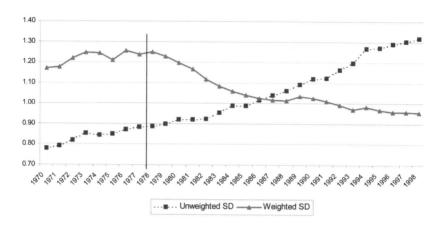

These 3: **Märkte bleiben nicht von selbst erhalten, sondern dadurch, dass Politiker ihre Regeln stets befolgen. Je mehr sie dies tun, desto mehr wachsen Vertrauen und Vertrauenskapital in die Soziale Marktwirtschaft.**

In Deutschland und in manchen anderen Ländern Europas wird die Marktwirtschaft durch das Attribut «Sozial» ergänzt. Die Soziale Marktwirtschaft soll ihrem Begründer Ludwig Erhard folgend «Wohlstand für alle» bringen. Nur nach unten hin soll es eine Schranke geben, an der jedermann aufgefangen wird. Soweit ist die Soziale Marktwirtschaft ein durchaus verständliches Konzept. Aber sie ist kein Naturgebilde, das einem Naturgesetz folgend seine alte Gestalt wieder annimmt, wenn es einmal von aussen angestossen worden ist. Die Soziale Marktwirtschaft stellt vielmehr ein aus intellektuell geschaffenen Regeln bestehendes «Kunstgesetz» dar. Mit der Regelbefolgung wächst das Kunstgesetz in seiner Qualität und Verbindlichkeit. Umgekehrt verliert es mit jeder Missachtung seiner Regeln ein Stück seiner Qualität und Verbindlichkeit.

These 4: Der Sozialen Marktwirtschaft zufolge soll es eine Armutsgrenze geben, die nicht unterschritten werden soll. Eine Reichtumsgrenze würde aber dem Konzept der Sozialen Marktwirtschaft widersprechen.

Im neuesten «Armuts- und Reichtumsbericht» der deutschen Bundesregierung wird nicht nur eine Armuts-, sondern auch eine Reichtumsschwelle angesprochen.[4] Der Staat soll sich also nicht nur um die Armen kümmern, sondern auch darum, dass es nicht zu viel Reichtum gibt. Dies ist möglich, aber mit hohen Kosten für Freiheit und Wohlstand verbunden. Die Freiheit, Aufsteiger zu werden, wird willkürlich gekappt. Damit wird die Dynamik der Wirtschaft auf eine Weise abgebremst, die die nicht nur die Aufsteiger, sondern auch die Armen benachteiligt. Denn Aufsteiger sind in hohem Masse Konsumenten der neuen Produkte. Sie sind die Testpersonen, ohne die die Unternehmer nicht bereit wären, neue Güter auf den Markt zu bringen. Was die Aufsteiger gestern ausprobiert haben, konsumieren die Nachfolgenden als Massenprodukte morgen. Daraus folgt, dass eine Gesellschaft, in der es erlaubt ist, ohne Grenze aufzusteigen, sich dynamischer entwickelt als eine Gesellschaft, in der dies verboten ist. Eine Aufsteigergesellschaft ist progressiv. Eine Gesellschaft, in der sich Arme und Reiche im geschlossenen Konvoi bewegen, bleibt rückständig und konservativ. Konservativ in diesem Sinne ist daher auch der Bericht des Bundesarbeitsministeriums.

These 5: In Demokratien haben Politiker einen Anreiz, die Regeln der Sozialen Marktwirtschaft zu unterhöhlen, d. h. gebildetes Vertrauenskapital zu verzehren, um dadurch kurzfristige Vorteile bei ihrer Wählerschaft zu erzielen. Drei Beispiele aus der deutschen Nachkriegszeit sollen das belegen.

Beispiel 1: Währungsreform von 1948
Ludwig Erhard war im Aufbau der Sozialen Marktwirtschaft erfolgreich, solange er wesentliche Gesetze wie insbesondere die Währungsreform vom 20. Juni 1948 und die damit verbundene Freigabe der Preise von Gütern des täglichen Bedarfs unter dem Schutz der westalliierten Gouverneure, also ausserhalb der Demokratie, durchsetzen konnte. Schon im Herbst 1948 kam es zu verschiedenen Streiks gegen die Währungsreform und insbesondere die Preisfreigabe. Politiker wollten sich diese Unzufriedenheit auf ihre Fahnen schreiben. Doch die Streiks sind durch das alliierte Machtwort abgebrochen worden. Dem direkten demokratischen Test konnte die Soziale Marktwirtschaft damals entgehen.

---

4   Bundesministerium für Arbeit und Soziales, *Der 3. Armuts- und Reichtumsbericht der Bundesregierung*, Berlin 2008.

Beispiel 2: Gesetz gegen Wettbewerbsbeschränkungen von 1957
Mit der allmählichen Wiedererlangung der Souveränität und mit zunehmender Demokratie entfiel dieser Schutz der Alliierten. So gelang es Ludwig Erhard nur mit Mühe, in sechsjährigen Verhandlungen von 1951 bis 1957 das Gesetz gegen Wettbewerbsbeschränkungen (GWB) als eine Art Verfassung der Sozialen Marktwirtschaft durchzusetzen. Kernpunkte sind das Kartellverbot (§ 1 GWB) sowie das Verbot des Missbrauchs wirtschaftlicher Macht (§§ 19 ff. GWB) und später das Zusammenschlussverbot (§§ 35 ff. GWB). Arbeitsmarkt und Dienstleistungen der Daseinsvorsorge (von Elektrizität, Gas, Wasser, Verkehr, Versicherungen usw.) blieben damals aus dem Gesetz ausgeklammert. Zu stark waren die Widerstände der Interessengruppen. Auch zu einer Verankerung der Sozialen Marktwirtschaft in der Verfassung reichte Erhards politische Kraft nicht.

Beispiel 3: Wiedervereinigung von 1990/91
Die mangelnde verfassungsmässige Verankerung der Sozialen Marktwirtschaft manifestierte sich insbesondere anlässlich der Wiedervereinigung von 1990/91. Zwar wurden in der Währungs-, Wirtschafts- und Sozialunion von 1990 die Fundamente der Sozialen Marktwirtschaft wie Privateigentum, Leistungswettbewerb, freie Preisbildung, Freizügigkeit, Arbeitsrechtsordnung und soziale Sicherung beschworen. In der Praxis der Währungsunion wurden indessen andere Massstäbe angelegt.

Damals hat die deutsche Bundesregierung Zugeständnisse abgegeben, die den Prinzipien der Sozialen Marktwirtschaft entgegenstehen. Insbesondere hat sie in den Umrechnungskurs von «Ostmark» (Mark der DDR) in D-Mark-West im Verhältnis 1:1 eingewilligt und den neuen Bundesbürgerinnen und -bürgern so weit mehr gegeben, als ihre Ostmark-Bestände wert waren. Sie bescherte ihnen zwar einen einmaligen Konsumrausch,[5] was nach vierzig Jahren Mangelwirtschaft vielleicht vertretbar und – für sich betrachtet – ökonomisch gar nicht so schwerwiegend gewesen wäre.

Viel schlimmer aber war, dass mit dem Umtausch der Geldbestände auch die anstehenden Löhne und Materialkosten zum Faktor 1:1 umgestellt wurden. Während früher DDR-Unternehmen, die in den Westen exportierten (und damit wohl zu den produktivsten der DDR-Wirtschaft gehörten) für fünf ausgegebene Ostmark eine DM (West) erwirtschaften mussten, also 1:5 rechnen durften, waren sie nach der Währungsunion gezwungen, 1:1 zu kalkulieren.[6] Sie

---

5   Der Umrechnungskurs für Barmittel lag jenseits eines altersabhängigen Sockelbetrags von 1:1 für 2000 Ostmark (<14 Jahre), 4000 Ostmark (<60 Jahre) und 6000 Ostmark (>60 Jahre) bei 1:2. Mieten, Löhne u. ä. wurden mit 1:1 umgestellt.
6   Vgl. hierzu Fussnote 10.

mussten also fünf Mal produktiver werden (wenn sie nicht zu fünfmal höheren Preisen anbieten wollten und konnten), was einer faktischen Aufwertung der alten Ostmark um 400 Prozent entsprach. Einen solchen Kraftakt kann keine Volkswirtschaft überstehen. Die ostdeutschen Unternehmen waren jetzt weder im ehemaligen COMECON noch im Westen konkurrenzfähig. Nicht die Märkte sind weggebrochen (wie vielfach argumentiert wird[7]) sondern die Unternehmen haben sich durch ihre unrealistischen Kosten von den Märkten entfernt.

Die Währungsumstellung von 1:1 verunmöglichte es den Ost-Unternehmen, im Westen Fuss zu fassen. Die ostdeutschen Produkte waren nicht einfach «Schrott», wie vielfach behauptet wurde, sondern sie waren schlicht zu teuer. Umgekehrt war es für die Industrien des Westens ein leichtes Spiel, die Märkte in den neuen Bundesländern zu erobern. Niemand wollte die viel zu teueren DDR-Produkte noch kaufen. Die Bundesregierung erzeugte durch ihren 1:1 Umtausch Arbeitslosigkeit und Stagnation in den neuen Bundesländern.

Manche wenden ein, es hätten damals eben zwei Kurse, ein 1:1-Kurs für Geldbestände und ein geringerer Kurs für Löhne und dergleichen vereinbart werden sollen. Dieses Argument ist richtig, aber akademisch. Denn Geld ist nicht nur ein Tauschmittel, sondern eine Recheneinheit. Wo hätte sonst die Grenze zwischen den beiden Kursen gezogen werden sollen? Eine DM ist eben eine DM, egal wofür sie ausgegeben wird. Stattdessen wären mit einem geringeren Kurs für Bargeld (eventuell in Verbindung mit einem Kopfgeld) automatisch auch die Löhne realistischer ausgefallen.

Damals, im März 1990, als die Währungsunion vorbereitet wurde, diskutierte ich mit meinen Studenten an der Technischen Universität Berlin die Frage des Umrechnungskurses von Ostmark in DM. Die Forderung nach einem 1:1 Kurs fanden wir aus den genannten Gründen bedenklich. Doch die Bundesregierung bewegte sich in diesen Monaten durch unklare Aussagen und Andeutungen, ob sie es wollte oder nicht, immer mehr auf die magische 1:1-Marke zu. Daraufhin schrieb ich in der Frankfurter Allgemeinen Zeitung am 12. März 1990 unter dem Titel: «Aufwertung der Ostmark um 400 Prozent?» folgendes:

«Wenn also nach der Währungsunion 1:1 gelten soll, so müssten die DDR-Betriebe ihre Produktivität auf einen Schlag um das Vierfache steigern. [...] Die Folge muss offenbar eine Massenarbeitslosigkeit grösseren Umfangs sein. Die Zahl der Übersiedler würde drastisch in die Höhe schnellen, also in eine Richtung tendieren, die gerade verhindert werden soll. [...] Die DDR-Unternehmen

---

7   Heinrich Beyer, *Textilstandort Ostdeutschland.* Zukunftsperspektiven für die Textil- und Bekleidungsindustrie in den neuen Bundesländern. Eine Tagung der Friedrich-Ebert-Stiftung am 16. Oktober 1992 in Cottbus, Brandenburg. Hg. v. Forschungsinstitut der Friedrich-Ebert-Stiftung, Abt. Wirtschaftspolitik. Bonn 1992.

erleiden einen drastischen Umsatzrückgang und müssen nach der ersten DM-Runde in großer Zahl ihre Tore schließen.»[8]

Diese Perspektive legte ich in einem Brief vom 13. März 1990 dem damaligen Bundeskanzler Dr. Helmut Kohl vor. Mir war zwar klar, dass ein anderer Kurs als 1:1 von Woche zu Woche weniger wahrscheinlich wurde. Aber es sollte nicht dereinst heissen, die Wissenschaftler hätten damals geschwiegen und so das kommende Unheil mitverursacht. Jeder geringere Kurs als 1:1 für die laufenden Transaktionen, möglicherweise auch ein flexibler Kurs beider Währungen hätte viel Leid erspart und der Integration der beiden Volkswirtschaften geholfen, statt sie behindert.

Zugegeben blieb der Bundesregierung politisch kaum eine andere Wahl, als dem immensen Erwartungsdruck der Ostdeutschen nachzugeben und den Umrechnungskurs von 1:1 zu gewähren. Allerdings hätte sie aufrichtigerweise warnen müssen: «Ein Kurs von 1:1 für Geldbestände und damit auch für Löhne ist möglich. Aber er wird innert Kürze Arbeitslosigkeit und Niedergang bewirken, weil die ostdeutschen Produkte auf dem freien Markt nicht wettbewerbsfähig sind und daher nicht abgesetzt werden können.» Die wahre Relation von 1:5 (oder schlechter) war damals nicht unbekannt.[9] Das jedoch sagte die Bundesregierung nicht, und das war aus meiner Sicht nicht ehrlich. Es ist jedoch verständlich, weil sie dadurch ihren Sieg in den Bundestagswahlen vom Herbst 1990 gefährdet hätte.[10] [11]

---

8 Frankfurter Allgemeine Zeitung Nr. 60 vom 12. März 1990, 12.

9 Neben meinen Äusserungen in der FAZ verweise ich auf Warnungen namhafter Kenner der DDR-Wirtschaft wie den damaligen Vizepräsidenten der Staatsbank der DDR, Edgar Most, der dies heute in seinem Buch *Fünfzig Jahre im Auftrag des Kapitals*, Berlin 2009, dokumentiert, das Währungsverhältnis von 1:5 bestätigt und mit den gleichen Argumenten belegt. Ähnlich, wenn auch weniger deutlich informiert auch das Deutsche Institut für Wirtschaftsforschung Berlin in seinem Wochenbericht vom 8.2.1990, 65–71. Folgerichtig wurde auch das Angebot an DDR-Mark in den Wechselstuben Westberlins so gesteuert, dass auch dort der Kurs 1:5 gehalten werden konnte.

10 Es sei eingeräumt, dass bei einem Kurs von kleiner als 1:1 (etwa in der Nähe von 1:5) die Anreize für die Ostdeutschen gross gewesen wären, nach Westdeutschland zu wandern und dort Sozialhilfe in Anspruch zu nehmen. Allerdings hätten dann daraus die höheren Lebenshaltungskosten in Westdeutschland bestritten werden müssen, was die Anreize der Auswanderung wieder vermindert hätte. Auch hätte nichts dagegen gesprochen, die Sozialhilfe nach der Herkunft zunächst (etwas) zu differenzieren.

11 Diese Feststellung ist mir von einem prominenten Mitglied der damaligen Bundesregierung bitter vorgeworfen worden. Man habe doch den neuen Bundesländern dafür so viel Kapital gegeben, meinte der frühere Minister. Doch gerade darin wird die fundamentale ökonomische Logik verkannt. Wird in einer Volkswirtschaft der Kapitalstock vergrössert, so sinkt die Nachfrage

Warum soll diese Frage vom Frühjahr 1990 heute nach zwanzig Jahren überhaupt noch einmal aufgeworfen werden, lässt sich fragen? Ist denn das nicht Schnee von gestern? Hierbei darf nicht übersehen werden, dass die Wiedervereinigung für Deutschland ein historisches Ereignis ersten Ranges darstellt. Daher ist es verständlich, dass auch heute noch darüber debattiert wird, wem der historische Ruhm an der Sonne und wem die historische Verantwortung für die Arbeitslosigkeit im Schatten der Wiedervereinigung zukommt. Es versteht sich, dass jeder für sich den Sonnenplatz in Anspruch nehmen möchte und dem anderen den Schattenplatz zuweist.

An dieser Stelle ist das einflussreiche Buch «Kaltstart» von Gerlinde und Hans-Werner Sinn zu nennen.[12] Die Autoren neigen mehr zur klassischen Theorie der Wirtschaftspolitik als zur politischen Ökonomik und richten daher ihr Augenmerk weniger auf die Wahlen von 1990 als auf die Lohnverhandlungen vom Frühjahr 1991, als die Gewerkschaften und Arbeitgeberverbände eine Lohnpolitik der Westangleichung vereinbart und damit die Löhne im Osten um durchschnittlich etwa 50–60% angehoben haben.[13] Sie, die Tarifpartner, seien daher im Wesentlichen die Verursacher der nachfolgenden Arbeitslosigkeit.[14] Damit stehen die Gewerkschaften auf der historischen Schattenseite der Wiedervereinigung, während die Bundesregierung wieder auf die Sonnenseite rückt.[15]

Wer aber bedenkt, dass der Aufwertungsfaktor durch die Währungsunion um ein Vielfaches höher war als der Lohnsteigungsfaktor der nachfolgenden Tarifverhandlungen, und dass die Bundesregierung, wie anzunehmen sein dürfte, wider besseres Wissen vor den Folgen des Umrechnungskurses von 1:1 nicht gewarnt hat, der wird einige Bedenken haben, der Bundesregierung trotz ihrer sonstigen Verdienste den ausschliesslichen Sonnenplatz an der Wiedervereinigung zukommen zu lassen. Auch die Tarifpartner, haben sich mit den Lohnverhandlungen vom Frühjahr 1991 diesen Platz nicht verdient, woraus folgt,

---

nach Arbeit (noch mehr). Nur bei Vollbeschäftigung kann mehr Kapital auch den Beschäftigten zugute kommen.

12 Gerlinde und Hans-Werner SINN, *Kaltstart*. Volkswirtschaftliche Aspekte der deutschen Vereinigung, Tübingen ²1992, insbes. 66–68.

13 Von GESAMTMETALL wurden Referenz-Tariflöhne von 1455 DM und Referenz-Tarifgehälter 1532 DM je Monat ab 1. April 1991 festgesetzt. Dies entsprach etwa der oben angeführten Steigerung (geschätzt nach: GESAMTMETALL, Geschäftsbericht 1989–1991, 127–130). Die nachfolgenden Steigerungen bis zur gänzlichen Westangleichung wurden nicht vollumfänglich durchgeführt.

14 Hans-Werner Sinn hat diese Position kürzlich in einem Interview noch einmal betont (Financial Times Deutschland vom 8. November 2009).

15 Die Autoren plädieren daher in der Folge für Investivlöhne, um die überhöhten Tariflöhne wieder auf ein wettbewerbsfähiges Niveau zu bringen.

dass es vor der Geschichte der Wiedervereinigung wohl gar nicht so viel Sonne gibt. Vielmehr wird meine These Nr. 5 bestärkt: Was aus der Sicht der Sozialen Markwirtschaft zu tun gewesen wäre, war nicht unbekannt, trat aber vor der Notwendigkeit, die Wahlen zu gewinnen, in den Hintergrund, wodurch meine Grundthese vom Dilemma zwischen Sozialer Marktwirtschaft und Demokratie belegt wird.[16]

These 6: In einem Einheitsstaat ist die Soziale Marktwirtschaft eher gefährdet als in einem Föderalstaat.

Die These von der Aushöhlung der Sozialen Marktwirtschaft durch die Demokratie ist insofern zu modifizieren, als die Demokratie einen Selbstkorrekturmechanismus enthält. Politische Fehlentscheidungen werden von den Bürgerinnen und Bürgern wahrgenommen. Sie bewegen sie dazu, unfähige Politiker abzuwählen und neue, bessere Politiker zu wählen. Ob die neu gewählten Politiker unmittelbar zur Sozialen Marktwirtschaft zurückfinden, bleibt zunächst einmal offen. So kann eine vorangegangene Günstlingspolitik lediglich durch eine neue Günstlingspolitik ersetzt werden. Der Selbstkorrekturmechanismus der Demokratie wirkt also nicht immer zielgerichtet. Er braucht oft mehrere Runden zum Ziel. Mit solch langwierigen Prozessen ist insbesondere in Einheitsstaaten zu rechnen. In diesen gibt es zu jedem Zeitpunkt nur eine einzige Regierung und daher nur eine einzige Korrektur, nur ein einziges Experiment, nur eine einzige Erfahrung. Der Lerneffekt ist gering und langsam.

In Föderalstaaten ist dies anders. Die Menschen können unterschiedliche Politiken in benachbarten demokratischen Gebietskörperschaften simultan beobachten und mehrfach vergleichen. Politische Fehler kommen so eher ans Tageslicht. Fehlbare Politiker werden eher abgewählt. Umgekehrt können Poli-

---

16 Es bleibt noch die Frage, ob die in den Tarifverhandlungen vereinbarten Lohnsteigerungen einfach um den Faktor x grösser gewesen wären, wenn die Bundesregierung den Umrechnungskurs niedriger als 1:1 festgelegt hätte – so argumentieren auch SINN/SINN (Anm. 12), 66 f. Dabei ist allerdings nicht nur das Ergebnis, es ist auch der Prozess zu betrachten, und es sind die Grössenordnungen zu bedenken, um die es damals ging. Die beiden Lohnsteigerungen – die eine durch den Umrechnungskurs und die andere durch die Tarifverhandlungen – nahmen das Grössenverhältnis 7:1 an. Anders gesagt: Die Tatsache, dass die so viel grössere Lohnsteigerung durch die Währungsunion diskussionslos vorweg gewährt wurde, dürfte für die nachfolgende so viel «kleinere» Lohnanpassung der Tarifpartner nicht ohne Bedeutung gewesen sein. Es wurde durch den Währungsumtausch der Bundesregierung im Verhältnis 1:1 ein neuer Status quo geschaffen, der ohne diesen erst noch hätte verhandelt werden müssen. Ohne nähere Begründung lässt sich schwerlich behaupten, diese Vorleistung sei für die nachfolgenden Tarifverhandlungen völlig belanglos gewesen.

tiker, die marktwirtschaftliche Konzepte verfolgen, besser die Überlegenheit ihrer Systeme belegen.

So musste beispielsweise das zentralistische Frankreich nach 1789 fast dreissig Jahre Revolution erdulden, bis es nach 1815 zu einem bürgerlich-marktwirtschaftlichen Regime zurückfand. Umgekehrt erfuhr das kaiserliche Deutschland nach Abschaffung der innerdeutschen Handelsschranken mit seiner dezentralen, föderalistischen Wirtschaftsordnung einen sehr raschen marktwirtschaftlichen Aufschwung zwischen 1871 und 1913.

Das heutige Deutschland ist zwar ein föderaler Bundesstaat und damit vermutlich besser dran als das zentralistische Frankreich. Doch von der Kulturhoheit abgesehen gibt es nur wenige wirklich dezentrale Kompetenzen der Länder. Treffender wäre es m. E. von einem föderalen Einheitsstaat zu sprechen. Auch sind viele seiner Bundesländer viel zu gross, um dezentrale politische Experimente zu erlauben. Die Schweiz ist mit ihren 26 Kantonen besser aufgestellt. Ein gewisser Beleg dafür sind die Wanderungen. Die Schweiz wurde seit dem Freizügigkeitsabkommen mit der EU zu einem attraktiven Einwanderungsland, während Deutschland in den vergangenen Jahren zunehmend zu einem Auswanderungsland wurde. Allein 2008 sind 45'000 Menschen von Deutschland in die Schweiz gezogen, während 180'000 per Saldo Deutschland verlassen haben.

These 7: **Eine andere Möglichkeit, die Soziale Marktwirtschaft zu schützen, besteht darin, ausgewählte Institutionen von Anfang an dem demokratischen Wettbewerb zu entziehen.**

Es widerspricht nicht dem Modell einer Demokratie, einige ihrer Institutionen autonom und hierarchisch zu organisieren und sie dann von Zeit zu Zeit demokratisch zu besetzen. So werden Gerichte demokratisch besetzt, danach aber von der demokratischen Kontrolle ausgenommen. Ähnliches gilt für Zentralbanken, Wettbewerbs- und Regulierungsbehörden. So hat Ludwig Erhard dem von ihm geschaffenen Bundeskartellamt eine Unabhängigkeit im Rahmen seines Ministeriums verliehen.

Nach dem Vorbild des deutschen Bundeskartellamtes wurde in der Europäischen Union die weitgehend demokratie-unabhängige Europäische Kommission – ursprünglich fast ausschliesslich eine Wettbewerbsbehörde – geschaffen. Die Kommission ist Wettbewerbsbehörde nicht nur für die traditionell wettbewerblichen Bereiche der Konsum- und Investitionsgüter, sondern auch Regulierungsbehörde für die Bereiche der Daseinsvorsorge von Post, Telekommunikation, Verkehr und Energie etc. nach Art. 86 EG. Dass das Wettbewerbsprinzip so weitgehend gelten soll, war anfänglich nicht unumstritten. Um den Vertrag daran nicht scheitern zu lassen, wurde anlässlich der Gründung der Europäischen Union im Jahr 1957 vereinbart, dass diese Bereiche nicht sofort, sondern erst allmählich in zehn bis fünfzehn Jahren dem Wettbewerb zu unterstellen seien. Die damaligen Politiker mussten daher die Entscheidung vor ihren Wählern nicht rechtfertigen. Diese demokratisch heikle Aufgabe wurde späteren Politikern überlassen. Als diese dann an der Reihe waren, die Regeln durchzusetzen, konnten sie auf vorgefasste Beschlüsse verweisen, für die sie nicht verantwortlich waren.

Eine andere, vom direkten demokratischen Zugriff geschützte Institution ist die Europäische Zentralbank (EZB). Auch sie beruht auf festen Regeln ausserhalb des demokratischen Wettbewerbs. Sie verfügt über das ausschliessliche Recht, Banknoten zu drucken und Geldpolitik zu betreiben. Doch es ist ihr strikt verboten, auf diesem Wege Staaten und andere Gebietskörperschaften zu finanzieren (Art. 101 EG). Sie darf auch keine staatlichen Stellen von deren Schulden auslösen, so dass die Hoffnung der Politik, nach überbordender Verschuldung die Hilfe der EZB zu erreichen, zurückgedämmt wurde. Eher sollte ein Staat oder eine Gebietskörperschaft zahlungsunfähig werden, als dass sie ausgelöst wird (Art. 103 EG). Damit es aber gar nicht soweit kommt, sind Defizitgrenzen, die so genannten Maastrichtregeln vorgesehen (Art. 104 EG). Im Weiteren ist die EZB ohne Einschränkungen auf das Preisstabilitätsziel festgelegt (Art. 105 EG). Schliesslich sind der EZB-Rat und das Direktorium von politischen Instanzen, insbesondere vom Rat der Wirtschafts- und Finanzminister, weisungsunabhängig (Art. 108 EG). Bislang hat sich dieses Konzept bewährt. Versuche der Wirtschafts- und Finanzminister, auf die Geldpolitik der EZB Einfluss zu nehmen, wurden weitgehend zurückgewiesen.

Gerade jetzt, in Zeiten von Finanz- und Wirtschaftskrisen, ist es von grosser Bedeutung, über eine geldpolitische Instanz zu verfügen, die den Augenblicksinteressen von Gruppen zu widerstehen vermag.

These 8: Fazit: Eine institutionelle Stärkung der Sozialen Marktwirtschaft ist erforderlich.

Die Marktwirtschaft ist ein bislang unübertroffener Wohlfahrtsgenerator. Durch die Verbreitung von Märkten etwa ab dem 15. Jahrhundert ist es den westlichen Zivilisationen gelungen, die Zivilisationen Asiens um ein Vielfaches zu überrunden. Erst viel später vermochten zuerst Japan, und dann noch später China und Indien, umfassende Märkte zu etablieren und damit auch ein erstaunliches Wachstum zu erzielen.

Verblieben ist in vielen Staaten eine beträchtliche Armut. Insbesondere in Afrika ist Armut ein grosses Problem. Immerhin konnte in vielen Staaten und auch insgesamt durch die Ausdehnung der Marktwirtschaft die Armut merklich vermindert werden. Auch die relative Armut, d. h. die Kluft zwischen Arm und Reich, ging in den vergangenen dreissig Jahren weltweit zurück.

Die Marktwirtschaft und ihr deutsches Pendant, die Soziale Marktwirtschaft, sind allerdings keine Natur-, sondern Kunstgebilde. Sie stabilisieren sich und generieren Vertrauenskapital, solange ihre Regeln befolgt werden. Kapital hat aber zwei Verwendungsseiten. Es kann langfristig genutzt oder kurzfristig verbraucht werden. Daher besteht für wählerabhängige Politiker immer die Verlockung, das Vertrauenskapital der Marktwirtschaft für kurzfristige politische Ziele zu opfern. Hier zeigt sich das Dilemma zwischen Sozialer Marktwirtschaft und Demokratie. Als gutes Beispiel lässt sich die im Zuge der Wiedervereinigung erfolgte Währungsunion anführen. Durch den marktwidrigen Umrechnungskurs von Ostmark in D-Mark im Verhältnis 1:1 wurde der ostdeutschen Bevölkerung zwar ein grosser Konsumrausch beschert, gleichzeitig wurde aber die Wettbewerbsfähigkeit ihrer Wirtschaft zerstört. Leider wurde diese voraussehbare Konsequenz von der Bundesregierung wohl wegen der damals bevorstehenden Bundestagswahl nicht rechtzeitig angekündigt.

Um solche (Wahl-)Taktiken in Zukunft zu verhindern, müssen die Institutionen der Marktwirtschaft vor direkten Eingriffen der Politik geschützt werden. Hierzu kann es sinnvoll sein, sie demokratisch zu bestellen, sie aber danach für eine vorgegebene Amtszeit in die Autonomie zu entlassen. Seit Jahrhunderten wird aus diesem Grund die Autonomie der Gerichte praktiziert. In neuerer Zeit sind als autonome Behörden mit klarem Auftrag die Wettbwerbs- und Regulierungsbehörden sowie Zentralbanken dazugekommen. Renten- und Krankenversicherungen könnten weitere Kandidaten sein. Rundfunkanstalten sind halbpolitische Institutionen. Autonom sind auch die Tarifpartner; aber ihnen fehlt der Auftrag. Daher tragen sie in ihrer jetzigen Form keinerlei Verantwortung für die Arbeitslosigkeit, die sie generieren. Hier besteht also noch Reformbedarf.

Die globale Herausforderung:

Verträgt sich die Soziale Marktwirtschaft mit globalen Wirtschaftsstrukturen?

Franz Blankart

1. Freie Marktwirtschaft im sozialen Rechtsstaat

Die Soziale Marktwirtschaft ist von Wilhelm Röpke gedanklich erarbeitet worden, als er als politischer Flüchtling in Genf eine Zufluchtsstätte gefunden hatte. Als Liberaler konnte er wirtschaftspolitisch nur für freien Markt und für Wettbewerb eintreten. Er wandte sich gegen die «aus Inflation und Bürowirtschaft gemischte [...] Politik»[1], den «gut geschüttelten Cocktail von Markt, Monopol und Kommandowirtschaft»[2]. In zahlreichen theoretischen und empirischen Abhandlungen hat er dargelegt, dass nur die freie Marktwirtschaft, verbunden mit eiserner Währungsdisziplin, die optimale Entfaltung aller wirtschaftlich vernünftigen Kräfte gewährleisten kann. Dies war die eine Botschaft, die er der künftigen Bundesrepublik Deutschland in ihrer Suche nach einem wirtschaftspolitischen Pfad mitgab.

Doch diese Botschaft verbindet er mit einer zweiten: Es muss klar sein, dass eine auf dem Wettbewerb beruhende Marktwirtschaft «nicht frei im [...] Raume schweben kann, sondern von einem festen Rahmenwerk gesellschaftlich-politisch-moralischer Art gehalten und geschützt werden muss»[3], deshalb die Soziale Marktwirtschaft. Es war dies der «Appell an den Verstand»[4], den die Architekten der deutschen Wirtschaftspolitik, unter ihnen Röpke, an das deutsche Volk richteten.

Dies alles erscheint uns heute mit Blick auf die deutsche Nachkriegszeit selbstverständlich, fast banal. Es war es jedoch keineswegs zu einer Zeit, da in Westeuropa allerlei dritte Wege zwischen Staatswirtschaft und Privatwirtschaft

---

1   Wilhelm RÖPKE, *Fronten der Freiheit, Wirtschaft – Internationale Ordnung – Politik.* Eine Auslese aus dem Gesamtwerk v. Grete Schleicher, hg. u. eingel. v. Hans Otto Wesemann, Stuttgart-Degerloch ²1965, 125 (ex: Jenseits von Angebot und Nachfrage, 158).
2   A. a. O. 229 (ex: Die Stellung der Wissenschaft in der Industriegesellschaft, 1963).
3   Ebd.
4   A. a. O. 211 (ex: Standortbestimmung der Marktwirtschaft, 1961).

ausprobiert wurden, als in West-Berlin mehr überzeugte Kommunisten lebten als in Ost-Berlin, als man der Dritten Welt unbedingt sozialistische Gesellschaftsmodelle aufdrängen wollte. Freie Marktwirtschaft: ja und unbedingt, jedoch in einem festen Rahmenwerk:

«Recht, Staat, Sitte und Moral, feste Normen- und Wertüberzeugungen, eine solide Währungsordnung, für die nicht der Automatismus des Marktes, sondern Zentralbank und Regierung Tag für Tag die Verantwortung übernehmen müssen, gehören zu diesem Rahmenwerk nicht minder als eine Wirtschafts-, Sozial- und Finanzpolitik, die jenseits des Marktes Interessen ausgleicht, Schwache schützt, Zügellose im Zaum hält, Auswüchse beschneidet, Macht begrenzt, Spielregeln setzt und ihre Innehaltung bewacht.»[5]

Die Verbindung von wirklich freiem Markt mit sozialem Rechtsstaat: Das ist das Rezept der Sozialen Marktwirtschaft, das Paradigma der Ordnungspolitik, das den beispiellosen wirtschaftlichen Erfolg der Bundesrepublik ermöglicht hat. Unter ihren Architekten seien neben andern hervorgehoben: allen voran Ludwig Erhard, aufbauend auf den Erkenntnissen von Adam Smith, Wilhelm Röpke, Alfred Müller-Armack, Franz Böhm, Walter Eucken, Friedrich A. von Hayek, Ludwig von Mises, Otto Schlecht, um nur die Wichtigsten zu nennen.

Die Soziale Marktwirtschaft war das eigentliche Erfolgsrezept der Nachkriegszeit. Heute wird ihre Grundlage in Frage gestellt. Denn mit dem Aufkommen der Automatisierung und erst recht mit der Informatisierung hat unsere Gesellschaft ihre Grundlage und ihr Gesicht weitgehend verändert. Bis zu den achtziger Jahren des 20. Jahrhunderts ist es zwar nochmals gelungen, in der Bundesrepublik mittels eben dieser Sozialen Marktwirtschaft einen bisher nie gekannten Ausgleich zwischen den Sozialpartnern zu schaffen und damit den Zerfall unserer Gesellschaft aufzuhalten. Der Einzelne konnte abgesichert werden. Heute ist dies nicht mehr so evident; denn das System der Sozialen Marktwirtschaft war dergestalt konzipiert, dass es Wachstum, d. h. allgemeine Prosperität voraussetzte; ohne Wachstum drohte es über kurz oder lang zusammenzubrechen. Ich weiss nicht, ob man dies in Deutschland und in der Schweiz erkannt hat.

2. Tiefgreifende Veränderungen durch die Globalisierung

Die ökonomische und firmenspezifische Lage hat sich unmerklich, jedoch grundlegend verändert. Diesen Wandel nennt man «Globalisierung». Die Unternehmen – jedenfalls die grossen – koppeln sich immer mehr von der Nation ab.

---

5   A. a. O. 229 (ex: Marktwirtschaft ist nicht genug, 1957).

2.1 Freie Zirkulation von Kapital, Gütern, Dienstleistungen und Know-how

Während sich früher die Direktinvestitionen vor allem in Ländern aufdrängten, in die nur schwerlich Waren ausgeführt werden konnten, ist dank der heute nahezu vollkommenen Güter- und Kapitalmobilität ein komplementäres Verhältnis zwischen Export und Direktinvestition entstanden. Mit solcher Mobilität des Faktors Kapital lassen sich die Standortvorteile aller Länder und Regionen bei der Produktion voll ausschöpfen. Was die Stärke einer Volkswirtschaft ausmacht, ist nicht die Wettbewerbsposition «ihrer» Unternehmen, sondern die Qualität ihres Standortes. Unternehmen werden damit zu «Gästen» einer Volkswirtschaft. Wohl kann ein Hotel ohne Gäste nicht überleben; seine Wettbewerbsfähigkeit hängt jedoch primär von seinem Angebot ab, und nur indirekt von der Wettbewerbsfähigkeit seiner Gäste …

Damit hat sich die wirtschaftspolitische Stellung der Nation wesentlich verändert. Konnte man früher das Ausland als einen separaten Markt, bestenfalls als ein anderes Marktsegment als den Inlandmarkt betrachten, werden der Markt und seine Dimensionen in einer globalen Wirtschaft durch wirtschaftliche, technologische und z. T. kulturelle Faktoren bestimmt. Nationale Grenzen sind für die Bestimmung der Marktdimensionen irrelevant geworden. Je nach Handelbarkeit der Güter und Produktionsleistungen schwanken Marktdimensionen zwischen einem Stadtquartier (Friseur) und der ganzen Welt (Pharma-, Automobilindustrie). Der Markt wird durch das Produkt, nicht durch die Gebietskörperschaft bestimmt.

Die Firma nimmt im Phänomen der Globalisierung eine zentrale Stellung ein. Erstens ist die Firma insofern der Motor der Globalisierung, als die meisten technologischen Errungenschaften von privaten Unternehmen verwirklicht worden sind und die Differenzierung der Produkte (als Ergebnis einer entsprechenden Nachfrage) sowie die Delokalisierung der Produktion von Firmen getragen werden. Zweitens sind die Transaktionskosten durch die Globalisierung gesenkt worden, womit die Handlungsmöglichkeiten der Firmen wesentlich ausgeweitet wurden; infolgedessen sind die Einflussmöglichkeiten der Staaten auf die Firmen geschrumpft, weil letztere nicht mehr der Rechtsordnung eines einzelnen Staates unterworfen sind.

Die Firmen integrieren ihre Produktion vom Roherzeugnis bis hin zum Fertigprodukt, damit sie vom Gewinn der vertikalen Spezialisierung voll profitieren können. Die Fertigung einzelner Produktionsvorgänge wird gleichzeitig dezentralisiert, damit die Spezifizität aller Produktionsvorgänge auf die Vorteile der verschiedenen Produktionsstandorte abgestimmt werden kann.

Die Globalisierung hat nicht nur die Aussagekraft traditioneller Aussen-handelsindikatoren, sondern auch die Wirkung handelspolitischer Instrumente verändert. Während früher ein inländisches Produkt klar von einem auslän-dischen unterschieden werden konnte, ist es bei der heutigen Vernetzung der weltwirtschaftlichen Produktion (Direktinvestitionen, Allianzen) unmöglich zu wissen, ob ein importiertes Produkt nun auf Grund fremden oder nationalen Kapitals, mit fremder oder nationaler Arbeit, direkt oder indirekt hergestellt worden ist. Mit anderen Worten ist die Nationalität einer Firma oder eines Pro-dukts kaum mehr identifizierbar. Damit kann die realwirtschaftliche Wirkung einer handelspolitischen Massnahme nicht mehr eindeutig vorausgesagt werden.

Deshalb ist es noch wichtiger geworden, handelspolitische Rahmenbedin-gungen so zu setzen, dass sie den Dimensionen einer globalen Arbeitsteilung ent-sprechen. Folglich muss die wirtschaftliche Dimension nationaler Grenzen ab-geschafft werden.

Mit Bezug auf den Aussenhandel heisst dies vor allem:
- Freihandel;
- vollständige Ursprungskumulation bzw. Abschaffung der Ursprungsregeln;
- Abschaffung aller technischen Handelshemmnisse.

Nur so können sich Firmen in einem Umfeld bewegen, das ihrer eigenen wirt-schaftlich und technologisch bedingten Mobilität entspricht. Die Tatsache, dass die Wohlfahrts- und realwirtschaftlichen Auswirkungen protektionistischer Massnahmen nicht mehr bzw. noch weniger als früher vorausgesagt werden kön-nen, sollte im Übrigen den Wegfall des protektionistischen Instrumentariums erleichtern. Ja, die Globalisierung multinationaler Unternehmen ist eine will-kommene Bremse des Protektionismus, weil die Unternehmen keinerlei Interesse daran haben, dass ihre multinationale Produktionskette an einer Stelle oder gar generell durch protektionistische Massnahmen unterbrochen wird.

2.2 Druck auf Arbeit und Sozialsysteme

Kapital, Güter, Dienstleistungen und Know-how können, wie festgestellt, heute weltweit frei zirkulieren. Der einzige vergleichsweise wenig mobile Produktions-faktor ist die Arbeit. Dies hat zur Folge, dass auch der Faktor Arbeit unter den Druck der neuen Form des Wettbewerbs gerät. Er wird über die Preisgestaltung dem Wettbewerb (z. B. in Billiglohnländern) ausgesetzt. Die Arbeit und das so-ziale System werden folglich nicht mehr von einer nationalen Volkswirtschaft, und damit von der Sozialen Marktwirtschaft, «abgedeckt». Das Ergebnis ist, schematisch ausgedrückt, brutal einfach: Aus Kostengründen wird die Arbeit so weit wie möglich «wegrationalisiert». In den Hochlohnländern ist nur noch qualifizierte Arbeit an Spitzenprodukten konkurrenzfähig, denn nicht-qualifizierte Arbeit kann auch in Billiglohnländern erbracht werden. Damit stehen erstmals in der Geschichte die Arbeitnehmerinnen und Arbeitnehmer eines Landes mit Arbeitnehmerinnen und Arbeitsnehmern anderer Länder, ja, anderer Kontinente im direkten Wettbewerb. Dies versetzt die Gewerkschaften und vor allem die internationalen Gewerkschaftsbünde in eine erhebliche Perplexität. Bisher war der Partner der Gewerkschaften der Arbeitgeber, Partner, mit dem eine gegenseitige Abhängigkeit bestand, mit dem man verhandelte, mit dem man sich einigte oder den man bekämpfte: letztlich Klassenkampf als Grundstruktur der nationalen Gesellschaft.

Ich möchte etwas Gewagtes sagen, das leicht missverstanden werden kann, nämlich: In einer globalisierten Weltwirtschaft brechen die Kartelle auseinander. Von dieser Tendenz werden auch jene Kartelle besonderer (und berechtigter) Art betroffen, die wir Gewerkschaften nennen, ausser sie würden die neue Konfiguration in ihr makroökonomisches Denken einfliessen lassen. Bis auf Weiteres sind die gewerkschaftlichen Denkstrukturen gefordert, vielleicht sogar überfordert, was nicht als Kritik verstanden sein will, sondern auf die Tatsache verweist, dass es für sie schlechterdings nicht möglich ist, dass Arbeiter gegen andere Arbeiter, die sich mit weniger begnügen, Front machen.

Faute de mieux nehmen die Gewerkschaften das Stichwort «Sozialdumping» zu Hilfe, einen Begriff, mit dem mitunter unreflektierter Unfug betrieben wird und der deshalb zu einem Gefäss der Emotionen zu werden droht. Unter diesem Titel wird die Bekämpfung des (vermeintlichen) Sozialdumpings durch handelspolitische Schutzmassnahmen verlangt. Solche Begehren lassen sich allenfalls rechtfertigen, sofern die *core labour standards* verletzt werden. Es handelt sich hierbei um
– die Zwangs- und Kinderarbeit,
– die Diskriminierung bei der Beschäftigung und um
– die Verweigerung der Gewerkschaftsfreiheit und des Rechts auf Kollektiv-
  verhandlungen.
Der Vorwurf des Sozialdumpings ist jedoch nur in seltenen Fällen berechtigt. Es gibt zwar Länder, in denen die Menschenrechte und die sozialen Mindestbedingungen nicht erfüllt sind. Dies steht ausser Frage. Diese Rechte sind zweifellos von grundlegender Bedeutung. In einer umfassenden diesbezüglichen Studie[6] kommt die OECD jedoch zu folgenden Schlussfolgerungen:

6   OECD, *Le commerce, l'emploi et les normes de travail fondamentaux des travailleurs et l'échange international*, Paris 1996.

– Eine kausale Verbindung zwischen mangelnden Arbeitsrechten und gesteigerter Exportleistung kann empirisch nicht erbracht werden.

– Mangelnde Arbeitsnormen bremsen vielmehr die optimale Allokation der Ressourcen und perpetuieren die unbefriedigende Wirtschaftslage.

Die Ausbeutung ist im Zeitalter der Globalisierung nicht mehr rentabel. Zudem wäre eine Verallgemeinerung fahrlässig. Nicht jedes Hemd, das billiger ist als ein europäisches, ist von Kinderhand gefertigt. Es gibt Gesellschaften, die – nolens volens – auf Autos, die Zentralheizung, den Energieverschleiss, Luxusspitäler u. a. m. weitgehend verzichten, den elektronischen Schnickschnack als Religionsersatz nicht brauchen, kurz: billiger und damit möglicherweise umweltgerechter leben und dadurch mit tieferen Lebenskosten als wir auskommen. Sollen wir sie deshalb mit Massnahmen gegen das angebliche Sozialdumping bestrafen? Mit Protektionismus Hunger zu generieren, ist auch eine Art von Wirtschaftskriminalität.

Die Gewerkschaften – und mit ihnen die Wirtschaft und die Regierungen unserer Länder – stehen vor der eminent moralischen Grundsatzfrage, wie sie die Existenzbedingungen der Arbeiterschaft verteidigen können, ohne die Existenzbedingungen der Arbeiterschaft eines andern Landes zu schädigen. Der klassische Umverteilungsmechanismus ist hierbei kaum mehr behilflich, da der Steuersatz ein wesentliches Element der Standortqualität, folglich ein Kriterium der Standortwahl bzw. des Standortwechsels darstellt. Eine schweizerische Grossbank kann auch von New York oder von London aus agieren. Allein, eine Abwanderung des Steuersubstrats ist fiskalpolitisch fragwürdiger als die sozialpolitischen Nachteile einer gewissen Art von Einkommensdisparitäten.

Dieser Themenkreis – nebst jenem des Ökodumpings – stellt eines der Probleme der gegenwärtigen WTO-Runde dar. Man erwarte aber nicht schnelle und einfache Lösungen. Die diesbezüglichen Risiken und Chancen sind in etwa ausgewogen, das Risiko nämlich, dass unter dem Druck der Strasse die Regierungen in einen allgemeinen Protektionismus mit all seinem Kriegspotential zurückfallen, und die Chance, dass wir uns im Westen auf das Wesentliche besinnen, was auch umweltschutzpolitisch das einzig Sinnvolle wäre.

Der neue Wettbewerb wird also (bis auf Weiteres) strukturelle Arbeitslosigkeit in den Industrieländern bewirken, denn unqualifizierte Arbeit wird leichter und schneller abgebaut, als qualifizierte Arbeitsplätze neu geschaffen und besetzt werden können. Dies hat einen unter Umständen lang anhaltenden Netto-Arbeitsabbau zur Folge. Das soziale Auffangnetz für die Ausgemusterten wird dadurch immer mehr beansprucht und somit teurer. Die Wirtschaft kann und will aber auf die Dauer die Arbeitslosen, die sie aus Kostengründen ausmustern musste, nicht über den Staat, d. h. in Form von Steuern und Lohnprozenten weiterbezahlen. Kurz, die Arbeit kann ihre Verteilerfunktion nicht mehr erfüllen. Zumindest ein bestimmter Typ von Arbeit wird unter diesen Umständen verstossen, die solche Arbeit Suchenden werden ignoriert. Es folgt eine soziale Spaltung: Die wettbewerbsfähig gebliebenen Arbeitenden behalten ihren Wohlstand, die Ausgemusterten werden ärmer, ja elender. So beginnen Revolutionen … Eine Frage vermag unser System nicht zu beantworten, nämlich: Was tun wir bei uns mit unqualifizierten Arbeitskräften?

Seit jeher hat man davon geträumt, von der Last der Arbeit befreit zu werden. Nun, da sie endlich zu verschwinden beginnt, trauert man ihr nach. Nachdem die Arbeit eine Pflicht war, wird sie heute zum Recht, während das Recht auf Musse immer mehr zur Pflicht zu werden scheint.

3. Lösungswege

3.1 Nachhaltige Förderung von Forschung und Entwicklung

Es ist dennoch davon auszugehen, dass der technologische Fortschritt, und insbesondere die Informationstechnologien, eine nachhaltige Sicherung des Wohlstandes ermöglichen und ausgereiften Volkswirtschaften eine bemerkenswerte Stetigkeit im Wirtschaftswachstum sichern können. Gleichzeitig drängt sich eine operative Folgerung sowie Herausforderung auf. Förderung des technologischen Fortschrittes einerseits, rasche und marktgerechte Umsetzung dieser neuen Erkenntnisse in Produkte andererseits sind Aufgaben, die der Staat und die Wirtschaft in Wechselwirkung, unter Beachtung ordnungspolitischer Maximen, prioritär erfüllen müssen. Dies bedingt sowohl beim Staat als auch bei der Wirtschaft vermehrt ein längerfristiges Denken, eine Bereitschaft, auf momentane politische, aber auch finanzielle Erfolge zu verzichten sowie eine Abkehr von spekulativen Exzessen und eine Konzentration auf die Stärkung der Wesenselemente des Unternehmens.

3.2 Aufbau von Produktionskapazitäten in Auswanderungsländern

Eine Abklärung ist ferner im Bereich der *social standards* nötig. Wir haben keinerlei Interesse, die Entwicklungsländer sozial zu schädigen, ansonsten der Immigrationsstrom vom Süden nach Norden unkontrollierbar wird. Wir müssen uns damit abfinden, dass wir auf Dauer die vom Einkommensdifferential zwischen Nord und Süd bewirkte Immigration nicht durch polizeiliche oder gar heerespolizeiliche Massnahmen an der Grenze und in unseren Städten werden aufhalten können. Nur eine bedeutende Investition von industriellen Produktionskapazitäten in den neuen Auswanderungsländern südlich des Mittelmeers kann eine angemessene Antwort auf diese Migrationsströme darstellen, dies mit allen beschäftigungspolitischen Konsequenzen bei uns. Entweder beschäftigen wir diese Menschen in ihrem Ursprungsland, oder sie kommen zu uns, um Beschäftigung zu finden. Ich zweifle daran, dass wir europaweit die Dimension dieser Herausforderung erfasst haben.

3.3 Verbesserung der staatlichen Rahmenbedingungen

Um als nationale Volkswirtschaft zu überleben, verbessert der Staat die Rahmenbedingungen. Wenngleich noch ein erheblicher Reform- und Liberalisierungsbedarf im Landesinnern besteht, ist das Erreichte beachtlich. Nur wer im Landesinnern wettbewerbsfähig ist, kann sich dem weltweiten Wettbewerb stellen und umgekehrt. Mit dieser – sicher richtigen – Methode begibt sich der Staat jedoch selbst in die Logik des Wettbewerbs, indem er die Investitionsqualität des Landes auf Kosten der Investitionsqualität eines andern Landes verbessert. Der Schwarze Peter der Arbeitslosigkeit wird anderen Regierungen zugeschoben, eine neue *beggar my neighbour-policy*. Dies könnte einen Fortschrittsschub, aber auch eine neue Generation des Protektionismus auslösen. Solch eine Politik verhindert jedoch weder den globalen Darwinismus noch die Spaltung der Gesellschaft. Es entwickelt sich ein wachsendes gegenseitiges Ressentiment zwischen Arbeitenden und Arbeitslosen: «Profiteure» versus «Schmarotzer». Jede Seite fühlt sich von der andern ausgebeutet. Die Vermeidung des Missbrauchs von Arbeitslosengeldern liegt jedenfalls im eminenten Interesse der Arbeitslosen. Es bedarf gewiss der Spitzenforschung und der hochtechnologischen Produktion. Ein Land von Nobel-Preis-Kandidaten und subventionierten Bauern ist aber nicht erstrebenswert. Vielmehr bedarf es einer flächendeckenden soliden Berufsbildung, um die *économie de proximité*, um den Mittelstand, um eine soziale Marktwirtschaft zu erhalten.

3.4 Bekämpfung des organisierten Verbrechens und der Korruption

Schliesslich bedarf es einer kollektiven und resoluten Bekämpfung des organisierten Verbrechens, der Korruption, der Geldwäscherei. Basis dieser Phänomene ist weitgehend der Drogenhandel. Es besteht heute ein Schattenmarkt von gut über 100 Mrd. $, also 3–5% des Welthandels oder, grob gesagt, 50% der weltweiten Erdölexporte. Die Produktions- und Verteilungskosten der Drogen sind minim. Der Drogenverkauf ist heute vermutlich weltweit eines der wichtigsten Mittel zur Kapitalakkumulation. Dieses Kapital muss notwendigerweise grösstenteils wieder in der Wirtschaft angelegt werden. Der anrüchige Ursprung dieses Geldes führt dazu, dass nicht Effizienz, sondern Immunität als Hauptanlagekriterium gilt. Zählen wir noch die mangelnden Manager-Fähigkeiten der Mafia-Bosse hinzu, so müssen wesentliche Verzerrungen in der Ressourcenallokation erwartet werden. Sofern dieses Problem in der heutigen Virulenz erhalten bleibt – und es besteht leider kein Anlass, dies zu bezweifeln – müssen wir damit rechnen, dass ein direktes oder indirektes Unterlaufen unserer Wirtschaftsstrukturen, insbesondere unserer Klein- und Mittelbetriebe, heute schon stattfindet oder bald stattfinden wird, wie dies in gewissen südlichen Regionen Europas und in Lateinamerika bereits der Fall ist.

Gelingt es nicht, das organisierte Verbrechen, die Korruption, die Geldwäscherei und den Drogenhandel einzudämmen, so wird die Entwicklung der Dritten Welt, unsere Jugend und die liberale Weltwirtschaft überhaupt an ihrer eigenen Freiheit zerbrechen, und die Folgen – politisch, militärisch, sozial – wären unabsehbar. Denn ein globaler, zudem noch krimineller Darwinismus könnte sehr wohl einen «Aufstand der Massen» provozieren, dies aus einer Mischung aus Überlebensangst und Sehnsucht nach nationaler Geborgenheit, eine Mischung, die geeignet ist, einen weltweiten Protektionismus und den Polizeistaat mit all seinen Kriegsgefahren auszulösen. Wenn die extreme Rechte und die extreme Linke Hand in Hand marschieren, ist höchste Alarmstufe geboten …

3.5 Freiheitliche Ordnungspolitik

Vor dem kategorischen Imperativ der Wettbewerbsfähigkeit kommen wir in der unentrinnbaren Interdependenz mit europäischem Schwergewicht und in der Globalisierung nur über die Runden, falls wir unter Wahrung der vertrauensvollen Sozialpartnerschaft die Produktivität, die (brauchbare) Forschung und die Investitionskraft zumindest komparativ steigern. Von Seiten der Behörden ist der Standortqualität, der internen Liberalisierung, dem Schuldenabbau ohne Steuererhöhungen und der Reduktion der Staatsquote Priorität einzuräumen. Als Leitmotiv in Bezug auf die wirtschaftspolitischen Prioritäten für die Schweiz muss diese Linie im Rahmen einer freiheitlichen Ordnungspolitik und auf der Grundlage einer stabilitätsfördernden und handelsfreundlichen Fiskalpolitik durch die gesamte öffentliche Tätigkeit von Bund, Kantonen und Gemeinden durchgezogen werden. All dies, weil die Schweiz immer exportiert, entweder Güter oder Arbeitsplätze.

3.6 Verantwortungsbewusste Elite

Die Teilnahme des Staates am globalen Wettbewerb der Rahmenbedingungen ist nur aus einem tief verankerten ethischen Fortschrittsglauben zu rechtfertigen, nämlich aus dem Glauben an die soziale Vernunft des Einzelnen, der Gemeinschaft, der Wirtschaftsführer und der Politiker, aus der Erwartung auch, dass die Generierung von Reichtum den Lebensstandard der gesamten Weltbevölkerung letztlich verbessert. Dass die Zukunft jedoch nicht allein auf diesen Glauben abgestützt werden kann, liegt auf der Hand. Der Neubeginn bedarf einer solideren Basis; er braucht eine den gegebenen Umständen Rechnung tragende, allgemein anerkannte Wirtschaftsethik. Eine der wichtigsten Aufgaben des Staates besteht darin, zur Entwicklung, Anwendung und Durchsetzung entsprechender Grundprinzipien und Grundregeln beizutragen. Ansätze dazu liegen bereits vor.[7] Nur wenn es gelingt, einen weltweiten ethischen Konsens zu erreichen, kann verhindert werden, dass die globalisierte Wirtschaft zu destruktivem und kriminellem Ökonomismus verkommt, statt zu einer nachhaltigen Chance für den Menschen und seine Umwelt sowie für die Soziale Marktwirtschaft zu werden.

Zu dieser Aufgabe gehört an vorderster Stelle auch die Ausbildung zur Bildung, d. h. die Ausbildung zur verantwortlichen Vernunft. Nur weise und selbstlose Politiker sind in der Lage, ein solches Programm flächendeckend durchzusetzen. Welcher demokratischen Partei eine solche Classe politique und ihre Beamtenschaft angehören, ist hierbei irrelevant. Es liegt am Bürger und an der Bürgerin bei Abstimmungen und vor allem bei Wahlen, hieraus die Konsequenzen zu ziehen. Was wir brauchen, sind Staatsmänner, die zugleich demütig und visionär sind, um sich der grössten Gefahr nach der Jahrtausendwende zu widmen, nämlich der Gefahr des globalen Auseinanderbrechens der Gesellschaft. Denn einmal mehr gilt die Aussage, die Napoleon am 30. September 1808 gegenüber Goethe in Erfurt äusserte: «Was will man jetzt mit dem Schicksal? Die Politik ist das Schicksal.»[8]

Ist die Globalisierung dennoch eine Chance für die Soziale Marktwirtschaft? Zunächst wäre festzuhalten, dass Globalisierung keine Option, sondern eine Tatsache ist. Dies festgestellt, entspricht die globale Öffnung der Märkte genau den Erfordernissen unserer auslandabhängigen Volkswirtschaft, dies unter der Voraussetzung, dass die Öffnung unter klaren, vorhersehbaren und durchsetzbaren Regeln des internationalen Handels stattfindet (Stichwort WTO). Denn wilder Liberalismus ist ebenso schädlich wie wilder Protektionismus. Diese Feststellung ist schon fast eine Banalität. Der zum Verdrängungsprozess degenerierende Wett-

---

7   Vgl. z. B. Hans Küng, *Weltethos und Weltwirtschaft*, München/Zürich 1997.
8   Johann Wolfgang von Goethe, *Autobiographische Schriften*, Bd. IV, Berlin/Weimar 1964, 421.

bewerb bedingt jedoch zweierlei: Spitzenposition in Sachen Ausbildung und Forschung – sowie Wirtschaftsführer und Politiker, die über hohe Sozialkompetenz und politisches Verantwortungsbewusstsein verfügen. Noch selten waren die internationalen Expansionschancen unserer Unternehmen aus der Sicht der weltwirtschaftlichen Parameter so erfolgversprechend wie heute. Noch selten seit dem Zweiten Weltkrieg waren aber auch die Ansprüche an das strategisch-politische Denken der Wirtschaftsführer und Politiker so hoch. Wenn wir den angeblich volksnahen Mythos der Mittelmässigkeit in Wirtschaft und Politik ablegen, sind unsere Chancen günstig, und dies umso mehr, als wir auch die Gefahren der Globalisierung und des organisierten Verbrechens erkennen. Wenn wir jedoch unter Verdrängung dieser Gefahren die Globalisierungsängste weiter Kreise unserer Bevölkerung ignorieren, könnte der Trend unversehens umschlagen. Wessen es bedarf, ist etwas Unpopuläres, nämlich der Elite.

Die unternehmensethische Herausforderung:

Braucht die Marktwirtschaft unternehmerische Führungspersonen mit neuem Ethos?

Stephan Wirz

Das Ethos der Führungskräfte in den Unternehmen scheint Anfang des 21. Jahrhunderts in eine tiefe Krise geraten zu sein: Ob Enron, Worldcom, Arthur Andersen oder jüngst UBS, im ersten Dezennium musste die Öffentlichkeit weltweit in hoher Kadenz von Bilanzmanipulationen, Korruption und anderen Rechtsverstössen, von hochspekulativen Geschäften und astronomischen Manager-Gehältern, -Boni und -Abfindungen Kenntnis nehmen. Wenn auch die vielfach kolportierte «Gier der Manager» eine populistische und polemisch-einseitige Attacke auf die Moral der Führungskräfte darstellt, die keineswegs allein- oder hauptursächlich für den Ausbruch der Wirtschafts- und Finanzkrise verantwortlich war[1], ist sie doch zur Chiffre geworden für eine reduktionistische Sicht- und Handlungsweise von Führungspersonen in Unternehmen, die auf die blosse Erfüllung ökonomisch-funktionaler Kennziffern und auf pekuniär-hedonistische Anreize fokussiert sind. Dass damit auch das Verantwortungsverständnis negativ tangiert ist, liegt auf der Hand.

Die Frage nach dem Ethos der Führungskräfte erscheint umso dringlicher, da sich die Wirtschafts- und Finanzkrise mancherorts zu einer Akzeptanzkrise der Marktwirtschaft entwickelt hat. Wie auch bei anderen Institutionen hängt die Akzeptanz der Marktwirtschaft in hohem Masse von der Glaubwürdigkeit ihrer Repräsentanten und Entscheidungsträger ab. Die Freiheitsräume, die eine liberale Wirtschaftsordnung gewährt, lassen sich langfristig gesellschaftspolitisch nur erhalten, wenn in ihnen verantwortungsvoll agiert wird. Scheitern die wirtschaftlichen Akteure in dieser Aufgabe, erhalten diejenigen gesellschaftlichen Kräfte Auftrieb, die ohnehin einer durch die Marktwirtschaft herbeigeführten «Versöhnung zwischen Wirtschaft und Gesellschaft»[2] misstrauen und nun angesichts des eingetretenen Missstandes die Gelegenheit ergreifen, sich für weitere

---

1   Vgl. dazu Andreas Busch, *Die Krise auf den Finanzmärkten*. Eine Ursachenanalyse, in: Zeitschrift für Evangelische Ethik, (2009) 2, 120–132.
2   Vgl. den Aufsatz von Nils Goldschmidt in diesem Buch, 15–31.

staatliche Regulierungen und Interventionen einzusetzen. Deshalb erstaunt es nicht, wenn gerade dezidierte Vertreter einer liberalen Wirtschaftsordnung eine Rückbesinnung auf die Moral bzw. eine neue Moral für die Wirtschaftselite einfordern.[3] Diese Beiträge argumentieren meistens tugendethisch; manche belassen es beim Schlagwort einer neuen Moral und verzichten auf eine inhaltliche Ausdifferenzierung oder Erörterung der Konsequenzen eines solchen Ethos für ein marktfähiges Anforderungsprofil der Führungspersonen. Täuscht der Eindruck, dass zwar viele ein Ethos für Führungskräfte als notwendig erachten, das Desiderat als solches aber doch irgendwie schwammig bleibt? Wie kann man dem Ethos für Führungskräfte eine schärfere Konturierung geben? Die folgenden Ausführungen möchten aus theologisch-ethischer Sicht, unter weitgehender Ausklammerung der andernorts schon thematisierten (Führungs-) Tugenden, einige Überlegungen zu grundsätzlichen Qualitätselementen eines solchen Ethos zur Diskussion stellen.

1. Qualitätselement: Kulturelles Grundverständnis von Wirtschaft und Unternehmertum

Zum Anforderungsprofil der Führungskräfte sollte unbedingt die Fähigkeit gehören, die kulturelle und gesellschaftliche Bedeutung des unternehmerischen Handelns erkennen zu können.

In seinem Beitrag über die ideengeschichtlichen Anfänge der Sozialen Marktwirtschaft hebt Nils Goldschmidt mehrmals hervor, dass es den Gründungsvätern und geistigen Vordenkern «um mehr [ging] als eine lediglich effiziente Wirtschaftordnung, sie zielten immer auch auf eine menschenwürdige Gesellschaftsordnung.»[4] «Markt und Wettbewerb sind im Konzept der Sozialen Marktwirtschaft als ein Mittel und nicht als das Ziel der gesellschaftlichen Gestaltung zu verstehen […]»[5] Ein solches in den gesellschaftlichen Kontext eingebettetes Grundverständnis von Wirtschaft sollte nicht nur ordnungspolitischen Vordenkern vorbehalten sein, es sollte zur Basisausstattung aller Wirtschaftsakteure gehören. In diesem Zusammenhang sei an die Ausführungen von Franz Blankart in diesem Band erinnert, dass sich heutige Wirtschaftsführer und Politiker nicht

---

3 Beispielsweise Franz BLANKART in diesem Buch; Hans VONTOBEL, *Wir müssen uns wieder zu anderen Werten bekennen*, in: NZZ, 24.6.09; Gerhard SCHWARZ, *Alte Werte*, in: NZZ, 30.1.09, 21, oder Bundespräsident Hans-Rudolf MERZ an der *Pressekonferenz zum Staatsvertrag Schweiz-USA* (vgl. NZZ, 20.8.2009, 19).

4 GOLDSCHMIDT, a. a. O. (Anm. 2), 15 f.

5 A. a. O. 16.

mit Mittelmässigkeit begnügen dürfen, sie müssen nebst ihrer fachlichen Ausbildung «über hohe Sozialkompetenz und politisches Verantwortungsbewusstsein verfügen»[6]. Der Jaspers-Schüler Franz Blankart wird wohl nicht widersprechen, dass dieses Verantwortungsbewusstsein der Führungskräfte einer Grundlage, einer «Philosophie des Wirtschaftens» bedarf. Hier aber scheint manches im Argen zu liegen. Die moderne wirtschafts-, vor allem betriebswirtschaftliche Ausbildung unterliegt durch ihre hohe Spezialisierung und Mathematisierung der Gefahr, den gesellschaftlichen Gesamtzusammenhang aus dem Blickfeld zu verlieren. Unternehmerisches Handeln wird deshalb von Führungskräften oft gar nicht mehr als eine Kulturleistung für die Gesellschaft verstanden.

Folglich besteht eine erste ethische Aufgabe darin, bei den Führungspersonen den Sinn für die kulturelle und gesellschaftliche Bedeutung des unternehmerischen Handelns zu schärfen und damit die Fähigkeit zur Inkulturation des unternehmerischen Handelns zu fördern. Das Führen eines Unternehmens ist eine multidimensionale Aufgabe und nicht nur eine funktionale Angelegenheit. Diese Aufgabe enthält immer auch anthropologische, gesellschaftlich-soziale und ökologische Aspekte. Ein solches multidimensionales Management-Verständnis entwertet aber in keiner Weise das Funktionale. Um was es der Ethik bei diesem Anliegen geht, ist die Begründung, Rückbindung bzw. Einbindung des *Funktionalen* in den Gesamtzusammenhang unternehmerischen Tätigseins. Erst von diesen anderen Dimensionen, insbesondere von der anthropologischen Dimension her, gewinnt das Funktionale seinen Sinn und Zweck, ohne dass diese Dimensionen selbst die funktional-fachlichen Überlegungen und Entscheidungen ersetzen wollen oder können. Das Funktionale ist bei einer solchen Betrachtungsweise nicht nur auf betriebswirtschaftliche und technische Kennziffern, Normen und Qualitätsstandards bezogen, sondern wird nun in einer grundlegenden Weise auch mit dem Menschen als Geist- und Bedürfniswesen, mit der Gesellschaft und mit der Natur in Beziehung gesetzt. Der Zweck des Unternehmerisch-Funktionalen erschöpft sich somit nicht im Erreichen bestimmter quantitativer oder technisch-qualitativer Vorgaben; das Funktionale erhält vielmehr seine vertiefte Legitimation sowie seine Ausrichtung bzw. Zielgerichtetheit durch die Aufgabe, mit dem zur gegebenen Zeit jeweils zur Verfügung stehenden fachlichen Wissen bestmöglich für die Deckung des menschlichen Bedarfs zu sorgen bei gleichzeitiger Berücksichtigung sozialer und ökologischer Kriterien und Standards. Funktionstüchtigkeit ist also kein Selbstzweck, sondern ein Mittel: Es sind die funktionstüchtigen Unternehmen, die die materielle Kultur und damit die unverzichtbare Grundlage für die ideelle Kultur einer Gesellschaft herstellen.

---

6   Franz Blankart, a. a. O. (Anm. 3), 91.

Ein solches, im Einzelnen noch zu entfaltendes kulturelles Grundverständnis von Wirtschaft und Unternehmertum sollte im Ethos einer Führungsperson verankert sein. Aus ihm lassen sich weitere Qualitätselemente des Ethos ableiten:

2. Qualitätselement: Sinn für Leistung und Menschlichkeit

Zum Anforderungsprofil der Führungskräfte sollte ein Führungsstil gehören, der im Unternehmen eine humane Leistungskultur fördert.

Zur Kunst der Unternehmensführung gehört auch die Kunst der Menschenführung. Mitarbeitende, Kunden, Lieferanten, Konkurrenten, Behördenvertreter – immer hat die unternehmerische Führungsperson mit Menschen zu tun. Das Führen eines Unternehmens ist nicht nur von seinem Endzweck her, sondern auch bezüglich der tagtäglichen Interaktionen mit Menschen rückgebunden an die Anthropologie. Das Menschenbild der Führungsperson übt einen wesentlichen Einfluss darauf aus, wie sich die zwischenmenschlichen Interaktionen gestalten, welchen Führungsstil diese Person entwickelt.

Welchen Beitrag kann die theologische Ethik für ein unternehmenstaugliches Menschenbild leisten?

Zentrales Element einer christlichen Anthropologie ist das Personalitätsprinzip: Der Mensch ist Person, Vernunft- und Freiheitswesen, Ebenbild Gottes und daher mit einer unantastbaren Würde ausgestattet. Deshalb dringt die theologische Ethik darauf, dieses Personalitätsprinzip auch bei der Gestaltung der Wirtschaftsordnung und des Wirtschaftslebens zur Geltung kommen zu lassen und den Menschen in seiner Einheit und Sonderstellung gegenüber allen von ihm hervorgebrachten kulturellen Schöpfungen – und das wirtschaftliche Produktions- und Distributionssystem ist wohl als eines der wichtigsten menschlichen Artefakte zu bezeichnen – zu bewahren oder neu zu entdecken. Entsprechend fordert die Sozialenzyklika «Mater et Magistra», dass «der Mensch der Träger, Schöpfer und das Ziel aller gesellschaftlichen Einrichtungen» sein muss.[7] Und die Pastoralkonstitution des Zweiten Vatikanischen Konzils, «Gaudium et spes», hält im Hinblick auf die Wirtschaft fest: «Der Mensch [ist] Urheber, Mittelpunkt und Ziel aller Wirtschaft.»[8]

Beziehen wir die obigen Überlegungen zum kulturellen Grundverständnis der Wirtschaft mit ein, lässt sich das Personalitätsprinzip nicht nur defensiv, re-

---

7 Johannes XXIII., *Enzyklika «Mater et Magistra»*, 15. Mai 1961, Nr. 219.

8 Zweites Vatikanisches Konzil, *Die pastorale Konstitution über die Kirche in der Welt von heute «Gaudium et spes»*, 7. Dezember 1965, Nr. 63.

striktiv interpretieren: Ein Unternehmen wird diesem Anspruch in der Praxis nicht nur *passiv* gerecht im Sinne der Vermeidung all dessen, was die Würde der einzelnen Wirtschaftsakteure (seien es Mitarbeiter, Konkurrenten, Lieferanten, Kunden oder andere Handlungsbetroffene) verletzt, sondern vor allem *aktiv* im Sinne der Aktivierung des schöpferischen Potentials, das dem Unternehmen zur Verfügung steht, um die Lebensmöglichkeiten des Menschen und der Gesellschaft zu erweitern. Unternehmerisches Handeln nimmt also teil an der Erschliessung der Welt und ermöglicht dadurch dem Einzelnen wie der Gesellschaft die Teilhabe an den materiellen und immateriellen Gütern.

Bei der Umsetzung des oben erwähnten multidimensionalen Unternehmenskonzepts steht die Führungsperson immer wieder vor der Herausforderung, dass die Einlösung der verschiedenenen Dimensionen nicht ohne Konflikte vor sich gehen wird. Zwar stehen sich die anthropologische, funktionale, gesellschaftlich-soziale und ökologische Dimension nicht grundsätzlich konträr gegenüber, doch gibt es zwischen ihnen nicht nur komplementäre, sondern auch konkurrierende Relationen. Besonders davon betroffen ist die Mitarbeiterführung: Einerseits ermahnt die funktionale Dimension dazu, den Produktionsfaktor Mensch effizient und produktiv einzusetzen und Gewähr zu bieten für die fachliche Kompetenz und Leistungsbereitschaft des Personals; andererseits führen anthropologische Überlegungen der Unternehmensführung die Sonderstellung des Menschen vor Augen, seine schöpferisch entwerfende Vernunft, die grundsätzliche[9] innere Vernünftigkeit und Unbeliebigkeit seines Antriebspotentials und die aus seiner Personalität resultierende Verschränkung von Individualität und Sozialität, die nicht nur die Würde des Menschen unterstreichen, sondern der Unternehmensführung auch verdeutlichen, dass die Mitarbeiter eben nicht nur ökonomisch disponible Produktionsfaktoren zur Herstellung von Gütern und Dienstleistungen sind, sondern durchaus eigenständig und sachlich urteilende, bedürfnisreiche und sozialfähige und damit auch wirtschaftlich mündige Wesen, denen grundsätzlich Vertrauen entgegengebracht werden kann. Kein blindes Vertrauen, denn gerade die theologische Anthropologie weiss auch um die Endlichkeit der menschlichen Vernunft, die potentielle Irrtumsanfälligkeit und die potentielle Verantwortungslosigkeit des Menschen sowie um seine latente Schwäche, das Böse zu meiden und das Gute zu tun. Die Führungsperson steht deshalb vor der schwierigen Aufgabe, bei der Menschenführung einen Stil zu finden, der den hellen und dunklen Aspekten menschlichen Personseins gerecht wird. Statt beim Menschen von einem überhöhten, wirklichkeitsfremden Idealbild auszugehen,

---

9 «Grundsätzlich» bedeutet nicht «in jedem Fall»: Die konkrete Lebensgeschichte kann zu einer defizitären Ausprägung dieses Antriebspotentials führen.

wonach die Mitarbeitenden (oder auch Kunden, Lieferanten usw.) nur aus rei-
fen Persönlichkeiten bestehen, die dem Wohl des Unternehmens und dem All-
gemeinwohl verpflichtet sind, muss eine Führungsperson immer auch mit moralisch bzw. sozial defizitären Charakteren und Leistungsminimierern rechnen.
Deshalb zeichnet das Ethos einer Führungsperson im Hinblick auf die Menschenführung eine doppelte Qualität aus: den Sinn für Leistung, einzubringen
als *Leistungsforderung*, um aus den genannten Gründen die Funktionstüchtigkeit
des Unternehmens aufrechtzuerhalten, und den Sinn für Menschlichkeit, einzubringen z. B. als *Mitarbeiterförderung*, die den anthropologisch begründeten
Anspruch der Mitarbeiter auf eine humane Qualität der Zusammenarbeit umzusetzen versucht und daher auch die beruflich relevanten Bedürfnisse und Rechte
der Mitarbeiter berücksichtigt und im Arbeitsalltag zur Geltung kommen lässt.

Der Sinn für Menschlichkeit wird theologisch noch durch das Gebot der
Nächstenliebe unterstützt. In der Bergpredigt und in Gleichnissen wie dem des
barmherzigen Samariters entfaltet Jesus das Hochethos einer über die Stammes-
und nationalen Grenzen hinausgehenden und mit keiner Gegenliebe rechnenden
und darum auch den Feind einschliessenden *Nächstenliebe*. In seinen Heilungs-
handlungen, vor allem aber – nach christlichem Verständnis – in seinem freiwil-
ligen, für das Leben der Welt sich opfernden Leiden und Sterben beglaubigt er
seine Lehre der Nächstenliebe. Jesus nachfolgen heisst darum, in jedem Menschen nicht «nur» das Ebenbild Gottes zu sehen, sondern Jesus Christus selbst.
Dies gilt in besonderer Weise gegenüber den Menschen in Not: «Was ihr für einen
meiner geringsten Brüder getan habt, das habt ihr mir getan.»[10] Für die Ethos-
Bildung der Führungskräfte ergeben sich daraus zwei wichtige Impulse. *Erstens:*
Die Nächstenliebe lässt sich nicht auf die Mitarbeiter der eigenen Abteilung oder
des eigenen Unternehmens begrenzen, sondern umfasst auch – weltweit – den
Konkurrenten (auch im eigenen Unternehmen!), den Lieferanten, den Kunden
oder andere Menschen, die vom Handeln dieser Führungsperson betroffen sind.
Zweitens: Die Nächstenliebe beschränkt sich nicht darauf, den Mitmenschen
nicht zu schaden (z. B. durch Mobbing, Intrigen, Verleumdungen), sondern sie
will als verzeihende, schenkende und tätige Liebe[11] das Wohl des bzw. der Mitmenschen. Die Führungspersönlichkeit kann also die Nächstenliebe nur leben,
wenn sie Sekundärtugenden wie Respekt, Wahrhaftigkeit/Offenheit, Gerechtig-
keit/Fairness, Güte, Wohlwollen, Barmherzigkeit, Verzeihen, Empathie/Interesse
am Menschen, Vertrauen usw. in sich zur Entfaltung bringt und diese Tugenden

---

10 Mt 25,40.
11 Vgl. Rudolf Schnackenburg, *Die sittliche Botschaft des Neuen Testaments. Von Jesus zur Urkirche*, Bd. 1, Freiburg i. Br. 1986, 97.

den Führungsstil dieser Führungskraft, ihren Umgang mit den Mitmenschen, aber auch ihren Einsatz für eine humane Unternehmenskultur bzw. für humane Unternehmensstrukturen prägen.

Die Nächstenliebe als Bestandteil des Ethos einer Führungsperson verhindert aber nicht sachbezogene Entscheidungen, im Gegenteil: Als permanent «zugeschaltete» Haltung bei der Entscheidungsfindung und Entscheidungsdurchsetzung bringt sie in den Reflexionsprozess der Führungsperson ein weiteres Sachkriterium ein. Entscheidungen müssen auch im Lichte der Nächstenliebe weiterhin das Kriterium des Sachgerechten erfüllen, aber jede gefundene Lösung muss eben nun auch am Gebot der Nächstenliebe auf ihre Tauglichkeit überprüft werden. Menschen mit diesem Ethos ist es Ansporn, gegebenenfalls noch bessere Lösungen zu finden, d. h. Lösungen, die sachgerechter sind, weil sie auch noch das Wohl des oder der Menschen vermehren.

3. Qualitätselement: Sinn für gesellschaftliche Verantwortung

Zum Anforderungsprofil der Führungskräfte sollten das Wissen um die wechselseitige Verflochtenheit von Gesellschaft und Unternehmen sowie die strategische Fähigkeit gehören, das Unternehmen in einen gesellschaftlich anerkannten «Korridor des ethisch Verträglichen» positionieren zu können.

Drei grundsätzliche Wege in der Gestaltung der Aussenbeziehungen eines Unternehmens zeigt Richard Eells in seiner Veröffentlichung «The Meaning of Modern Business»[12] auf: den klassischen atomistischen Weg der «Traditional Corporation», den Weg der «Metrocorporation», die den Interessen der gesellschaftlichen Anspruchsgruppen möglichst weit entgegenkommen will, und den Weg der «Well-tempered Corporation», die einen Mittelweg zwischen beiden beschreitet, im Bewusstsein, dass das Unternehmen die Gesellschaft zwar mitzugestalten hat, aber es auch seine Autonomie und seine Funktionsfähigkeit in kritischer Distanz zu den Anspruchsgruppen erhalten muss. Diese beiden Elemente, die Autonomie und die gesellschaftliche Mitgestaltung, prägen entscheidend die Struktur des Verantwortungskonzepts dieses Unternehmenstyps und sind für dessen Wohltemperiertheit ausschlaggebend. Trotz des Primats der ökonomischen Funktion plädiert Eells für eine kontinuierliche Partizipation des Unternehmens am ökonomischen, sozialen und politischen Prozess der Gesellschaft. Bei der «Well-tempered Corporation» heisst aber «corporate citizenship»

---

12 Richard EELLS, *The Meaning of Modern Business*. An Introduction to the Philosophy of Large Corporate Enterprise, New York 1960.

nicht Aufgehen in einer grösseren Gesellschaft, sondern «Koexistenz» mit den vielfältigen gesellschaftlichen Entscheidungszentren.[13]

Diese «Well-tempered Corporation» Eells' ist durchaus kompatibel mit dem oben skizzierten kulturellen Grundverständnis von Wirtschaft und Unternehmertum. Das christliche Personverständnis geht ja von einer Verschränkung von Individualität *und* Sozialität im Menschen aus, daher müssen der Mensch und sein Handeln, auch in der aggregierten Form der Organisation, immer in Bezug zur Gemeinschaft bzw. Gesellschaft gesehen werden. So benutzen Unternehmen die Vorleistungen einer Gesellschaft, sie produzieren und verkaufen innerhalb einer Gesellschaft, und ihre Entscheidungen wirken sich zum Wohle oder zum Schaden einer Gesellschaft aus. Da es der theologischen Ethik folglich nicht alleine um ein individualistisches Wohl, sondern immer auch um das Gemeinwohl geht, gehört aus theologisch-ethischer Sicht die Berücksichtigung der gesellschaftlich-sozialen Dimension eines Unternehmens unbedingt zum Ethos einer Führungsperson hinzu – genauso wie die funktionale Dimension, die vor übersteigerten Formen der Anspruchsgruppen-Befriedung auf Kosten der Funktionstüchtigkeit des Unternehmens warnt. Von daher kann Eells' «Well-tempered Corporation» durchaus eine ethosbildende Leitvorstellung für eine Führungsperson sein, wie die gesellschaftliche Verantwortung im Rahmen eines multidimensionalen Unternehmensverständnisses wahrgenommen werden kann.

Die Umsetzung einer solchen Leitvorstellung geht auch im gesellschaftlich-sozialen Bereich nicht ohne Konflikte vor sich. Doch nicht die Konfliktausblendung (z. B. nur noch die Forderungen von Anspruchsgruppen zu berücksichtigen), sondern die ethisch akzeptable Konfliktbewältigung muss für die Führungsperson wegleitend sein. Die Multidimensionalität muss auch in den Stürmen des Wettbewerbs durchgehalten werden. Das erfordert von der Führungsperson Festigkeit und Flexibilität. Sie muss mit den mit der Vernetzung der verschiedenen Managementdimensionen «in Kauf zu nehmenden Übeln, Zumutungen und Widerständen bei der Durchsetzung sittlich geforderter Ziele in ethisch verantwortbarer Weise, d. h. [...] nüchtern, realitätsnah, umsichtig, zupackend und kalkuliert»[14] Rechnung tragen, ja mehr noch: innovative Wege ausloten, die es dem Unternehmen möglich machen, anthropologische, gesellschaftlich-soziale und ökologische Ansprüche zu erfüllen und zugleich erfolgreich zu sein bzw. Erfolg zu haben mit einer höchstmöglichen moralischen Qualität. Dabei muss kein statisches, exakt proportionales Gleichgewicht, son-

---

13 A. a. O. 325.

14 Wilhelm KORFF, Art. *Verantwortungsethik*, in: Lexikon für Theologie und Kirche, Bd. 10, hg. von Walter Kasper u. a., Freiburg i. Br. ³2001, 600.

dern ein der Unternehmens-, Markt-, kulturellen und ökologischen Situation angepasstes dynamisches Gleichgewicht zwischen diesen Ansprüchen angestrebt werden. Überproportionale Gewichtungen zugunsten einer oder mehrerer Dimensionen sind also grundsätzlich möglich, solange die Gewichtung anderer Dimensionen nicht unter ein bestimmtes Minimum fällt. Für die Führungsperson besteht also die strategische Aufgabe darin, die funktionalen, sozialen und ökologischen Aspekte so zu gewichten und auszubalancieren, dass das Unternehmen nachhaltig im «Korridor des ethisch Verträglichen» positioniert werden kann. Dieser Korridor ergibt sich, bildhaft gesprochen, aus einer unteren räumlichen Begrenzung, der unternehmerischen «Mindestflughöhe» (Erreichen des wirtschaftlichen «break-evens» und Einhaltung der gesetzlich vorgeschriebenen sozialen und ökologischen Mindeststandards) und einer idealtypischen oberen räumlichen Begrenzung, der unternehmerischen «Maximalflughöhe» (Erreichen der Maxima des wirtschaftlichen Erfolgs sowie der sozialen und ökologischen Verträglichkeit). Ein wacher Sinn für die gesellschaftliche und ökologische Verantwortung des Unternehmens kann die Führungsperson(en) somit anspornen, das Unternehmen strategisch so zu entwickeln, dass es sich auf dem Markt als Wirtschafts-, Sozial- oder Öko-Pionier profilieren kann.[15]

4. Qualitätselement: Sinn für den Eigenwert der Natur

Zum Anforderungsprofil der Führungskräfte sollte ein wacher und kreativer Sinn für nachhaltiges Wirtschaften gehören.

Die Ausführungen zur gesellschaftlichen Verantwortung haben die ökologische Dimension der Unternehmensführung, zumindest was ihre strategische Ausrichtung anbelangt, durch den «Korridor des ethisch Verträglichen» bereits vorgespurt. Im Sinne des Nachhaltigkeitsprinzips[16] vereinigt dieser Korridor ja ökonomisch-funktionale, gesellschaftlich-soziale und ökologische Aspekte der

15 Ausführlicher zu einer «Ethik der Unternehmensstrategie» vgl. Stephan WIRZ, *Erfolg und Moral in der Unternehmensführung*. Eine ethische Orientierungshilfe im Umgang mit Managementtrends, Frankfurt a. M. 2007, 264–271.

16 Das «Nachhaltigkeits-» bzw. «Sustainable Development»-Prinzip konnte sich spätestens auf der UN-Konferenz für Umwelt und Entwicklung in Rio de Janeiro im Jahr 1992 als eine global anerkannte «Weltformel für die Zukunftsfähigkeit unseres Planeten» (vgl. Helge WULSDORF, *Nachhaltigkeit*. Ein christlicher Grundauftrag in einer globalisierten Welt, Regensburg 2005, 22) durchsetzen. Erstmals wird es 1987 im Abschlussbericht «Our common future» der Weltkommission für Umwelt und Entwicklung verwendet und wie folgt definiert: «Dauerhafte Entwicklung [Sustainable Development] ist Entwicklung, die die Bedürfnisse der Gegenwart befriedigt, ohne zu riskieren, dass künftige Generationen ihre eigenen Bedürfnisse nicht befriedigen kön-

Unternehmensstrategie. Was im Hinblick auf die ökologische Dimension als eigenes Qualitätselement des Führungsethos nun noch dazukommt, ist das Naturverständnis der Führungsperson. Es spielt eine entscheidende Rolle für den «wachen» oder «trüben Sinn» der Führungsperson für die ökologische Thematik und für die Motivation (oder Indifferenz) für eine strategisch-nachhaltige Ausrichtung des Unternehmens.

Die theologische Ethik, die mit fundamentalen Schuldzuweisungen an das Christentum als angeblicher ideologischer Wegbereiter der Öko-Krise konfrontiert wird,[17] kann durchaus Positives zu einem ökologieverträglichen Naturverständnis beitragen: So schliesst das biblische Schöpfungsverständnis sowohl eine Verabsolutierung der Natur als auch ihre Reduktion auf eine blosse Nutzenfunktion für den Menschen aus. Der Natur kommt als Schöpfung Gottes ein gestufter Eigenwert zu. Deshalb hat der Mensch zu respektieren, dass die Natur «nicht darin aufgeht, allein für den Menschen dazusein»[18]. Die «nichtmenschlichen Naturwesen» sind «nicht einfach beliebig verfügbares Rohmaterial. Sie dürfen nicht unter das ausschliessliche Vorzeichen partikularer Interessen (z. B. des technisch Machbaren, des ökonomisch Nützlichen usf.) gestellt werden.»[19] Der Mensch nimmt eine Mittelstellung zwischen Gott und Natur ein: Er ist einerseits Mitgeschöpf, andererseits Ebenbild Gottes. Er ist Teil der Natur, doch als Vernunft- und Freiheitswesen auch von Natur aus ein Kulturwesen, ausgestattet mit einem Auftrag zur «kreativen Weltgestaltung»[20]. Er muss die Natur zu seinem Überleben und zu seiner Entfaltung in Kultur transformieren. Damit gerät der Mensch zwar in eine gewisse Spannung zum Eigenwert der Natur, doch als sittliches Wesen geht ihm grundsätzlich auch auf, gegenüber den Mitmenschen und der ausserhumanen Natur nicht beliebig, sondern verantwortlich zu handeln. Allein der Mensch kann die Würde des Menschen und den Eigenwert der ausserhumanen

---

nen.» Zitiert nach Volker HAUFF (Hg.), *Unsere gemeinsame Zukunft*. Der Brundtland-Bericht der Weltkommission für Umwelt und Entwicklung, Greven 1987, 46.

17 Vgl. dazu Carl AMERY, *Das Ende der Vorsehung*. Die gnadenlosen Folgen des Christentums, Hamburg 1980, und als Entgegnung Hans J. MÜNK, *Umweltkrise – Folge und Erbe des Christentums?* Historisch-systematische Überlegungen zu einer umstrittenen These im Vorfeld ökologischer Ethik, in: Jahrbuch für Christliche Sozialwissenschaften 28 (1987), 148–158.

18 Wilhelm KORFF, *Wandlungen im Verständnis der Arbeit aus der Sicht der christlichen Soziallehre*, in: Venanz SCHUBERT (Hg.), *Wissenschaft und Philosophie*, Bd. 3: Der Mensch und seine Arbeit, St. Ottilien 1986, 224.

19 Hans J. MÜNK, *«Starke» oder «schwache» Nachhaltigkeit?* Theologisch-ethische Überlegungen zur ökologischen Grundkomponente des Sustainability-Leitbilds, in: Zeitschrift für Evangelische Ethik (1999) 4, 283.

20 Ebd.

Natur wahrnehmen und schätzen.[21] Daher ist «dem Menschen kein beliebiger Umgang mit der ausserhumanen – belebten wie unbelebten – Schöpfung gestattet»[22].

Ein solches Naturverständnis kann in einer Führungsperson den Sinn für ökologieverträgliches bzw. nachhaltiges Wirtschaften schärfen und sie zum Nachdenken und zur Innovation animieren, inwieweit das Unternehmen – siehe «Korridor des ethisch Verträglichen» – durch eine gezielte Gestaltung der Unternehmenspolitik und -strategie der ökologischen Herausforderung besser gerecht werden kann.

5. Qualitätselement: Sinn für Transzendenz

Zum Anforderungsprofil der Führungskräfte sollte die Fähigkeit gehören, Distanz zu sich selbst und zu gefundenen Lösungen nehmen und immer wieder nach dem Sinn des Tuns fragen zu können.

Aus dem obigen Abschnitt zum «Kulturellen Grundverständnis von Wirtschaft und Unternehmertum» entspringt noch ein weiterer, letzter Gedanke: Kultur hat immer auch mit Transzendenz zu tun. Der Mensch distanziert sich von sich und seinen Werken und fragt nach dem letzten Sinn seines Tuns.

Distanz nehmen ermöglicht, innere und äussere Abhängigkeiten und Machtstrukturen zu erkennen: Wem willst du dienen? Wie weit geht und vor allem wem gilt deine Verfügbarkeit und Dienstfertigkeit? Solche Fragen sind Prüfsteine, welche Macht eine Führungsperson im Hinblick auf ihr eigenes Leben der Wirtschaft, dem eigenen Unternehmen, den Erwartungshaltungen von Vorgesetzten, Mitarbeitern und Geschäftspartnern, der Konkurrenz sowie dem eigenen Besitz- oder Karrierestreben einräumt.

Die Fähigkeit zur Inkulturation zeigt sich auch darin, dass eine Führungsperson nicht nur «Macher» ist, sondern im Hinblick auf Auftrag und Tätigkeit auch die Sinnfrage stellen kann. Die Antwort darauf wird, je nach Weltanschauung,

---

21 Vgl. DERS., *Die Würde des Menschen und die Würde der Natur.* Theologisch-ethische Überlegungen zur Grundkonzeption einer ökologischen Ethik, in: Stimmen der Zeit (1997) 1, 26.

22 DERS., *Gottes Anspruch und die ökologische Verantwortung des Menschen.* Gott, Mensch und Natur in neuen Beiträgen zum Schöpfungsverständnis und die Frage einer umweltethischen Grundkonzeption, in: Klaus ARNTZ/Peter SCHALLENBERG (Hg.), *Ethik zwischen Anspruch und Zuspruch.* Gottesfrage und Menschenbild in der katholischen Moraltheologie, Fribourg 1996, 110.

unterschiedlich ausfallen. Im folgenden werden einige Überlegungen dazu aus christlicher Perspektive zur Diskussion gestellt.

Nach christlicher Weltanschauung findet das unternehmerische Handeln im Horizont des Schöpfungs- und Heilshandelns Gottes statt. Es ist deshalb eingebettet in einen sinnhaften (schöpfungstheologischen, soteriologischen und eschatologischen) Gesamtzusammenhang.

– Durch den Herrschafts- und Gärtnerauftrag Gottes wird der Mensch zum «Partner Gottes» und erhält die direkte Zuständigkeit und Verantwortung für die Schöpfung, die eine von Gott gewollte eigene und selbständige Wirklichkeit darstellt, die von Gott zu unterscheiden ist, die aber umfangen bleibt von der Liebe und vom Erlösungs- und Vollendungswillen Gottes. Der Mensch ist somit Geschöpf und Schöpfer. Gerade im Schöpferischen und Schaffenden, diesen dem Menschen schöpfungstheologisch zugesprochenen existentiellen Eigenschaften, ergeben sich wichtige Anknüpfungspunkte zwischen der theologischen Ethik und dem Unternehmertum. Leider wurde in der Katholischen Soziallehre bisher keine eigene «Theologie unternehmerischen Handelns» entwickelt, wenngleich die letzten Sozialenzykliken «Centesimus annus» von 1991 und «Caritas in veritate» von 2009 erste Akzente in diese Richtung setzen.[23]
– Der Sinn menschlichen Tätigseins liegt aus der Sicht christlicher Anthropologie nicht nur im Erreichen innerweltlicher Ziele, z.B. in der Entdeckung und Erschliessung der natürlichen Reichtümer, im Umbau der Natur, im technischen Fortschritt, im unternehmerischen Erfolg, in der Entfaltung des Menschseins oder im Schaffen gesellschaftlichen Wohlstands. Darüber hinaus gibt es eine zweite Sinnebene: Der Mensch als Ebenbild Gottes nimmt durch seine Arbeit immer zugleich auch teil «am Werk des Schöpfers» und entwickelt es in gewissem Sinne weiter und vollendet es.[24] Schliesslich, als dritte Sinnebene, ist das, was Menschen machen, auch sub specie aeternitatis nicht bedeutungslos. Der Mensch ist von Gott nicht auf eine Spielwiese gesetzt worden; das Tun des Menschen auf Erden hat Relevanz, auch im Hinblick auf die von Gott bewirkte Vollendung.[25] «Der Gesamtprozess menschlich

---

23 Vgl. JOHANNES PAUL II., Enzyklika «Centesimus annus», 1. Mai 1991, Nrr. 32, 42; BENEDIKT XVI., Enzyklika «Caritas in veritate», 29. Juni 2009, Nr. 41.
24 Vgl. JOHANNES PAUL II., Enzyklika «Laborem exercens», 14. September 1981, Nr. 25.
25 Vgl. ZWEITES VATIKANISCHES KONZIL, Die pastorale Konstitution über die Kirche in der Welt von heute «Gaudium et spes», 7. Dezember 1965, Nr. 39; JOHANNES PAUL II., Enzyklika «Sollicitudo rei socialis», 30. Dezember 1987, Nr. 48.

geschichtlicher Entwicklung ist unter dem Blickpunkt der Ewigkeit in keiner Weise unerheblich oder gar überflüssig. Er ist von Gott veranstaltet. Als solcher aber ist auch er in seinen Gelingens- und Glücksstrukturen für die, die daran im Auftrag Gottes mitwirken und teilhaben, theologisch gesehen, zugleich ‹beatitudo›, ‹Vorgriff auf Vollkommenheit›, ‹Teilhabe› unter den Bedingungen dieser Welt am ‹ewigen Glück›. Also keineswegs nur ‹felicitas›: ein wenig irdisches Glück und nicht mehr. Auch seine Frucht ist dazu bestimmt, Moment der Vollendung zu sein.»[26]

Dieser Sinnzusammenhang gibt dem menschlichen, insbesondere dem unternehmerischen Handeln seine besondere Dignität, aber auch seine moralische Verpflichtung. Im Hinweis auf die Endlichkeit menschlichen Lebens und auf die Begrenztheit menschlicher Vernunft und menschlichen Könnens wirkt die christliche Anthropologie aber auch jeder Verabsolutierung entgegen und schätzt die Möglichkeiten des Menschen realistisch ein. Im Hinweis auf das eschatologische Ziel, auf eine Letztverantwortung vor Gott wird aber auch der Wert menschlichen Tuns und zugleich der Ernst der Verpflichtung deutlich, im Rahmen der Möglichkeiten jedes Menschen einen persönlichen Beitrag zur Entwicklung der Menschheit und der Welt zu leisten, ohne sich die Erlösung selbst zumuten zu müssen.

6. Schlussbemerkung

Stammen solche Überlegungen für eine hochgradig säkularisierte Geschäftswelt nicht «aus einer anderen Welt»? Was die religiöse Sprache und ihre Bilder angeht, werden die Verstehensbarrieren sehr hoch sein. Doch es gibt auch noch eine andere Perspektive: Ein Blick in die Bücherregale der Buchhandlungen und in die Angebotspalette der Seminarveranstalter kann uns zeigen, dass von unternehmerischer Seite durchaus ein Interesse an (individual-) ethischer Orientierungshilfe besteht. Spirituell-esoterische Themen boomen innerhalb der Managementliteratur genauso wie Fragen der Etikette, des Benimms, der Ästhetik bzw. des guten Geschmacks («Lifestyle») und der Lebenskunst. Und der Begriff der «Vision» wird heute im wirtschaftlich-unternehmerischen Umfeld wohl häufiger verwendet als im theologischen, wo der Begriff ursprünglich beheimatet war. Unternehmen und ihre Exponenten suchen nach «Leitbildern» und wollen ihren Mitarbeitenden die Sehnsucht nach dem Grösseren, nach dem ihre Arbeit Übersteigenden und doch erst durch ihre Arbeit möglich Werdenden

26 KORFF, a. a. O. (Anm. 18), 251.

wachhalten. Insofern steht der «Sinn für Transzendenz» als Qualitätselement des Führungsethos gar nicht mehr so exotisch in der Landschaft der Geschäftswelt.

Die Bildung der Führungskräfte und ihres Ethos ist zwar notwendig, aber noch keine Garantie für eine funktionierende und moralisch qualitätsvolle Wirtschaft. Auch das Ethos der anderen Akteure wie z. B. der Mitarbeitenden und Konsumenten muss in wirtschafts- und unternehmensethische Überlegungen einbezogen werden. Und keineswegs vergessen sind die dazu gehörenden systemischen und strukturellen Fragestellungen. Doch nach Jahrzehnten struktureller Dominanz in dieser Fachdisziplin darf das Augenmerk auch einmal auf den einzelnen Personen und ihrer Moral liegen. Sind es doch immer einzelne Persönlichkeiten, die durch ihren Erfindergeist und ihren Wagemut Unternehmen und die Wirtschaft als Ganzes voran- und zum Florieren bringen.

Die Sinn-Herausforderung:

Gibt es für die Marktwirtschaft noch etwas «jenseits von Angebot und Nachfrage»?[1]

ALOIS BAUMGARTNER

Was ist Wirtschaft und wozu gibt es Wirtschaft? Wenn wir von einigen im Wesentlichen deckungsgleichen Definitionen von Wirtschaft absehen, gibt es kaum eine vertiefte Diskussion über die Sinnfrage der Wirtschaft, weder in der Wirtschaft und den Wirtschaftsverbänden noch in den Wirtschaftswissenschaften. Bei diesen Definitionen tritt meistens nur der formale Wirtschaftsbegriff, das so genannte ökonomische Rationalitätsprinzip in seinen zwei Variationen in den Blick: formulierte Ziele mit einem Minimum an Ressourceneinsatz zu erreichen bzw. mit gegebenem Input den Output zu maximieren. Für die Wirtschaft gibt dieser formale Zugang «wirtschafte wirtschaftlich» eine zwar notwendige, aber keineswegs hinreichende Antwort darauf, was Wirtschaft ist und was ihre Bestimmung ausmacht; das allein schon deswegen, weil dieses Prinzip in allen möglichen Handlungsbereichen des Menschen Anwendung finden muss und findet. Für das Verständnis von Wirtschaft und für die Sinngebung des ökonomischen Sektors brauchen wir über dieses formale Element hinaus inhaltliche Aussagen. Der Sinngehalt von Wirtschaft erschliesst sich somit nur über einen materialen Wirtschaftsbegriff: Wirtschaft muss als Teilbereich des gesellschaftlichen Lebens verstanden werden, deren Ziel die Überwindung der Knappheit der zur Erfüllung menschlicher Bedürfnisse erforderlichen Güter ist.[2]

Dieses Verständnis von Wirtschaft liegt allen wirtschaftsethischen Fragestellungen zugrunde. Aber es ist auf Anhieb evident, dass die Antwort auf die Sinnfrage einen eminent prägenden Einfluss auf das wirtschaftsethische Denken hat.

---

1   So der Titel des Werkes (Erlenbach-Zürich 1958) von Wilhelm Röpke, einem der geistigen Väter der Sozialen Marktwirtschaft.

2   Wenn man die formale und materiale Seite von Wirtschaft zusammenfassen möchte, kommt man zu einem Verständnis von Wirtschaft, die in Variationen um folgende Definition kreist: *Wirtschaft umfasst alle das Mittel–Zweck–Verhältnis optimierenden Tätigkeiten der Produktion und Distribution, die, unter der Bedingung der Knappheit, den Menschen eines bestimmten Raumes zur Befriedigung ihrer Bedürfnisse dienen.*

Oswald von Nell-Breuning hat diesen Zusammenhang kurz nach dem Krieg, als die Sinnfragen noch grundsätzlicher gestellt wurden als heute, in die lapidare Feststellung gekleidet: «Sage mir, was du unter Wirtschaft verstehst, und ich werde dir sagen, was du für eine Wirtschaftsethik hast.»[3]

1. Wirtschaftsphilosophie: Fehlanzeige!

Wenn wir auf andere Sektoren unserer Gesellschaft schauen, so verdichtet sich dort die Frage nach dem Sinn gesellschaftlicher Teilbereiche und des Handelns in diesen Bereichen zu bestimmten Philosophien. Die Sozialphilosophie reflektiert die grundsätzlichen Fragen menschlichen Zusammenlebens, insbesondere das Verhältnis von Individuum und Gesellschaft. Es ist wahrscheinlich nicht übertrieben zu behaupten, dass die Sozialphilosophie im Konzert der Sozialwissenschaften seit längerer Zeit sogar eine Meinungsführerschaft übernommen hat. Im Vordergrund stehen die grossen Entwürfe der Sozialtheorien von Habermas, Popper, Luhmann und anderen. Aber auch die gesellschaftlichen Teilsysteme kennen ähnliche institutionalisierte Formen der philosophischen Reflexion. Die politische Philosophie floriert. Die Rechtsphilosophie ist allemal noch eine akademische Disziplin, auch wenn sie ein wenig im Schatten der politischen Philosophie und der Staatsphilosophie steht. Die Kulturphilosophie wie auch die Religionsphilosophie erleben eine Renaissance.

Sucht man in Wirtschaftslexika und Handbüchern nach dem Stichwort Wirtschaftsphilosophie, so muss man in der Regel eine Fehlanzeige konstatieren. Auch anspruchsvolle Lexika und Handbücher der Wirtschaftsethik zeigen hier eine Leerstelle. Das gilt leider auch für das von Wilhelm Korff herausgebrachte Handbuch der Wirtschaftsethik, an dem ich selbst als Autor und Mitherausgeber beteiligt war. Es geht in seinem ersten Band auf diese Frage nicht unmittelbar ein, sondern wendet sich rasch den anthropologischen Voraussetzungen von Wirtschaft zu. Eine einzige Ausnahme bildet das von Oswald von Nell-Breuning und Hermann Sacher kurz nach dem Krieg herausgegebene Wörterbuch der Politik[4], das sich in seinem vierten Heft anhand von Stichworten Fragen der Wirtschaftsordnung widmet und in seinen dreihundert dichten Spalten bis zum heutigen Tag aufgrund seiner begrifflichen Klarheit und seiner grundsätzlichen Perspektive lesenswert ist. Nell-Breuning bietet hier einen Artikel an über Wirt-

---

3   Oswald von Nell-Breuning, *Wirtschaftsphilosophie*, in: Oswald von Nell-Breuning/ Hermann Sacher (Hg.), *Zur Wirtschaftsordnung* (Beiträge zu einem Wörterbuch der Politik, Heft 4), Freiburg i. Br. [3]1958, 271–280, 274.

4   Vgl. Anm. 2.

schaftsphilosophie. Die Wirtschaftsphilosophie habe, so Nell-Breuning, «die letzte Sinndeutung dieser Wirtschaft zu geben, wie es die Gesellschaftsphilosophie für den Gesamtbereich des gesellschaftlichen Lebens tut»[5]. Nell-Breuning kommt aber auch hier zu der ernüchternden Feststellung, dass eine «sorgfältig begründete und gut ausgebaute Wirtschaftsphilosophie» fehle, und dass ihr alsbaldiger Aufbau eine vorzügliche und dringende Aufgabe sei, der sich gerade christliche Philosophen nicht entziehen sollten.[6] Er skizziert in wenigen Strichen nur, was eine noch zu entwickelnde Wirtschaftsphilosphie zu leisten habe. Was Oswald von Nell-Breuning vor 50 Jahren festgestellt hat, nämlich das Fehlen einer solchen Philosophie, entspricht auch dem heutigen Ist-Zustand. Wirtschaftsphilosophie findet explizit gar nicht statt. Sie findet sich auch kaum ansatzweise in den Curricula der Betriebswirte und Volkswirte.

2.   Wirtschaft als Kultursachbereich

So ernüchternd auch Oswald von Nell-Breunings Einschätzung zur Wirtschaftsphilosophie ist, so gibt er doch selbst den einen oder anderen Hinweis für denjenigen, der über den Sinn von Wirtschaft nachdenken möchte. Der erste und wichtigste Hinweis scheint mir zu sein, dass die Wirtschaft als ein Kultursachbereich zu verstehen ist und als solcher in einer ständigen Interdependenz zu den anderen Kulturbereichen unserer Gesellschaft stehe (zu Familie, Bildung, Religion, Staat). Der Wirtschaft komme Wert und Würde des zwar untersten, aber breitesten und notwendigsten Kultursachgebietes zu.[7]

---

5   Oswald von Nell-Breuning, *Wirtschaftsphilosophie*, in: Oswald von Nell-Breuning/ Hermann Sacher (Hg.), *Zur Wirtschaftsordnung* (Beiträge zu einem Wörterbuch der Politik, Heft 4), Freiburg i. Br. ³1958, 269–272, 269.

6   A. a. O. 270.

7   Oswald von Nell-Breuning, *Wirtschaft*, in: Oswald von Nell-Breuning/Hermann Sacher (Hg.), *Zur Wirtschaftsordnung* (Beiträge zu einem Wörterbuch der Politik, Heft 4), Freiburg i. Br. ³1958, 2–24, 11: «Die Ziele, mit denen die Wirtschaft zu tun hat, sind nicht die kulturellen Werte unmittelbar oder gar in ihrer Gesamtheit. Sie erschöpfen sich vielmehr in der Befriedigung der verschiedenen menschlichen Bedürfnisse. Dementsprechend hat die Wirtschaft es zu tun mit denjenigen Mitteln, die dieser Befriedigung zu dienen vermögen. An dieser Begrenzung der Ziele sowohl als auch der Mittel, und der damit gegebenen Begrenzung der Wirtschaft ist unbedingt festzuhalten, soll die Wirtschaft ein eigener, klar umschriebener Kultursachbereich sein und nicht zum Kulturprozess insgesamt oder doch zu dessen Exekutive […] sich ausweiten und auseinanderfliessen. So nachdrücklich wir dafür eintreten, dass Wirtschaft nicht eine blosse Vorstufe zum Tempel der Kultur bildet, sondern selbst ein Kultursachbereich, das zwar unterste, zugleich aber geräumigste Stockwerk des Gebäudes unserer Gesamtkultur ist, so entschieden müssen wir eine Gleichsetzung der Wirtschaft oder auch nur mit einer Veranstaltung zum Voll-

Wie ist das zu verstehen? Die Wirtschaft befriedigt die unmittelbaren und unabweisbaren materiellen Grundbedürfnisse des Menschen wie Nahrung, Kleidung, Wohnung. Sie müssen gesichert sein, damit sich der Mensch den höheren Bedürfnissen der Kultur, der Bildung, der Wissenschaft, Kunst und Religion widmen kann. Sie schafft aber auch die materiellen Voraussetzungen dafür, dass sich die Menschen in diesen gesellschaftlichen Bereichen entfalten können. Die Wirtschaft ist von daher ein gesellschaftlicher Schlüsselbereich, der für die Kultur eines Landes nicht erst dort zum Tragen kommt, wo in den kulturellen Bereichen sich ein Wettbewerb entwickelt und sich so etwas wie ein Markt bildet (etwa im Bereich der Kunst, der Bildung oder des Sportes). Die Wirtschaft als ein Kultursachbereich ragt auf diese Weise in alle anderen Kultursachbereiche hinein. Es wäre aber verhängnisvoll, wenn die Zielsetzungen der Kultur, weil sie von ökonomischen Voraussetzungen abhängen, letztlich selbst wirtschaftlichen Kriterien unterworfen werden – eine Gefahr, die Jürgen Habermas als Kolonisierung der Lebenswelt bezeichnet hat.

Um es an Beispielen deutlich zu machen: Ich muss nicht die unternehmerische Universität ausrufen, um den Zusammenhang von Wissenschaft und Wirtschaft klar zu machen. Ich darf sie nicht ausrufen, um nicht die eigene Bedeutung von Wissenschaft, ihrer Sinngebung und ihres spezifischen Ethos zu verraten. Es ist nicht notwendig, die Kirche als Unternehmen zu begreifen und die Botschaft des Evangeliums als Dienstleistung auf dem Markt der Sinngebungen zu platzieren, um darzulegen, dass auch die Arbeit der Religionsgemeinschaften an ökonomische Bedingungen geknüpft ist.

Zusammenfassend: Die anderen Kultursachbereiche bedürfen der ökonomischen Grundlage. Wirtschaft ist von daher in allen gesellschaftlichen Teilsystemen ein Thema, aber nur als materielle Voraussetzung. Sie darf nicht den Eigen-Sinn der anderen Bereiche bestimmen wollen. Das hätte verheerende Folgen für unser Bildungsverständnis, für unser Verständnis von Pflege und ärztlichem Ethos, für unser Verständnis von Kirche und Religion.

Was macht aber nun die Wirtschaft selbst zu einem Kultursachgebiet? Was ist ihr eigenes Profil? Was ist ihr Sinn? Die Frage kann man in eine dreifache Richtung ausfalten:
1. Was leistet die Wirtschaft für den Menschen? Das ist die Frage nach ihrer Effizienz.

---

zuge des kulturellen Gesamtprozesses zurückweisen. Wirtschaft ist ein *Teil*bereich, nicht aber das Ganze der Kultur.»

2. Wie wirkt sich die Wirtschaft auf die in den ökonomischen Prozess involvierten Menschen aus? Das ist die Frage nach dem Personenstatus der wirtschaftlich handelnden Unternehmer, Arbeitnehmer und Konsumenten.

3. Wie nehmen die Menschen an ihr teil? Das ist die Frage nach der Integration, also ob die Wirtschaft sozial integrierend oder desintegrierend wirkt.

Zum ersten Punkt: Was leistet die Wirtschaft für den Menschen? Die Sinn-Frage ist nicht ablösbar von der Frage nach der Leistungsfähigkeit einer Wirtschaft. Seit den Klassikern der Nationalökonomie ist dieser Zusammenhang unstrittig. Nur eine effiziente Wirtschaft hat auch das Potential, dass die Bedürfnisse der Mitglieder einer Gesellschaft unmittelbar befriedigt bzw. – wie wir oben gesehen haben – ermöglicht werden.

So suchte Adam Smith (1723–1790), der grosse Ahnherr der klassischen Wirtschaftstheorie, in einer Zeit massenhafter Armut nach einem wirtschaftlichen System, das den *Wohlstand für alle* heben und insbesondere die Situation der vielen Armen verbessern sollte. Aus diesem Grund trat er dafür ein, die Wirtschaft effizient zu gestalten. Eine Wirtschaft, die ineffizient ist, kann seiner Ansicht auch unter moralischen Gesichtspunkten nicht als gut beurteilt werden. Die von ihm vorgeschlagene Lösung war, dass man sich nicht auf die Nächstenliebe der Menschen verlassen sollte, um die sozialen Probleme zu bewältigen, sondern dass man sich ihr Eigeninteresse bzw. ihr Gewinnstreben zunutze machen müsse. Smith empfahl also zur Bekämpfung der zu seiner Zeit herrschenden Not und Mangelwirtschaft ein auf dem Gewinnstreben der Einzelnen aufbauendes Wirtschaftssystem. Das Eigeninteresse ist in diesem Modell hinreichend für das Sachziel der Wirtschaft, nämlich die Förderung des Wohls eines jeden Menschen. Wenn jeder sich um sein eigenes Wohl kümmert, so die Annahme, wird auch das allgemeine Wohl gefördert. Dieser Gedanke wird in einem der meistzitierten Sätze aus dem Hauptwerk von Adam Smith, dem Buch *Wohlstand der Nationen*, folgendermassen auf den Punkt gebracht:

> «Nicht vom Wohlwollen des Metzgers, Brauers oder Bäckers erwarten wir unsere Mahlzeit, sondern von deren Bedachtnahme auf ihr eigenes Interesse. Wir wenden uns nicht an ihre Menschenliebe, sondern an ihre Eigenliebe und sprechen ihnen nie von unseren eigenen Bedürfnissen, sondern von ihren Vorteilen.»[8]

Wie kommt Smith nun dazu, eine auf den ersten Blick ziemlich unmoralische Forderung als gemeinwohlfördernd darzustellen? An dieser Stelle kommt Smiths

---

8   Adam Smith, *Untersuchung über Wesen und Ursachen des Reichtums der Völker*, Tübingen 2005 [Originalausgabe *The Wealth of Nations*, 1776], 98..

berühmtes Bild von der «unsichtbaren Hand» des Marktes ins Spiel. Die «un-sichtbare Hand» des Markts ist es seiner Ansicht nach, die letztlich alle Einzelin-teressen zusammenführt und das grösstmögliche gemeinsame Wohl erzeugt. Der nur an sich und seinen Nutzen denkende *homo oeconomicus* erweise sich so – gleichsam durch eine «List der Vernunft» – als eine Art seitenverkehrter Robin Hood und Diener des Gemeinwohls.

Auch wenn Smiths Vertrauen auf die unsichtbare Hand des Marktes aus un-serer heutigen Sicht ein wenig naiv anmutet, so ist gerade an seinem auf den ersten Blick unmoralischen Ansatz ersichtlich, dass die Wirtschaft einen mora-lischen Sinn-Horizont hat. Auch das auf Eigeninteresse und Gewinn beruhende wirtschaftliche Handeln soll dem Wohl aller Menschen dienen. Smith geht es um eine ethische Grundidee: nämlich dass dann, wenn die Kreativität und die Freiheitspotentiale der einzelnen Menschen besser genutzt werden, es allen Men-schen besser geht. Diesem klassischen Ansatz ökonomischer Theorie genügte nicht ein je grösserer Output von Diensten und Gütern. Effizienz hatte in die-sem Ansatz eine qualitative Bedeutung und nicht nur eine quantitative Kom-ponente. Es ging nicht um Wirtschaftswachstum um seiner selbst willen, son-dern immer zugleich auch um die distributive Dimension. Hier ist das heutige Denken gelegentlich doch weit hinter die Anliegen der klassischen Doktrin zu-rückgefallen.

Es gibt heute kaum einen Streit über die grössere Effektivität einer Markt-ordnung gegenüber allen planwirtschaftlichen Modellen. Die kommunistische Zentralverwaltungswirtschaft, die auch «Wohlstand für alle» verheissen hat, hat sich als völlig ineffizient und damit ganz und gar untauglich erwiesen, ihr Wohl-standsversprechen einzulösen. Die Geschichte der Sowjetunion und ihrer Satel-litenstaaten in Osteuropa hat gezeigt, dass eine Regierung hoffnungslos überfor-dert ist, wenn sie den wirtschaftlichen Erfolg ihres Landes zentral planen und organisieren will. Der entscheidende Vorteil der Marktwirtschaft liegt darin, dass sie die Freiheit des Menschen und die Kreativität jedes Einzelnen ernst nimmt. So fliesst viel mehr an Wissen und Ideen in den Markt hinein, als Regierungen oder Planungsbehörden jemals beisteuern können. Dieses Erfolgsgeheimnis hat Friedrich A. Hayek treffend umschrieben, als er vom «Wettbewerb als Entde-ckungsverfahren» immer neuer Ideen zur besseren Nutzung der knappen Res-sourcen gesprochen hat. Die unterschiedlichen wirtschaftlichen Interessen der Einzelnen setzen vielfältige Kräfte und Ressourcen frei, die verbunden über das marktwirtschaftliche Geschehen nicht nur den einzelnen Akteuren, sondern auch dem Ganzen zugute kommen. Diesen «leitenden Geist» der Marktwirt-schaft hat Adam Smith als Erster erkannt und systematisch beschrieben. Für Smith war allerdings noch selbstverständlich, dass «Geist» der Wirtschaft kein

Selbstzweck ist, sondern zum Ziel hat, das Wohl jedes einzelnen Menschen zu fördern.

Dies ist der Punkt, den auch die Kirche in ihrer Sozialverkündigung immer wieder in Erinnerung gerufen hat. Sie hat den wirtschaftlichen Wettbewerb nie pauschal abgelehnt, aber gerade vor dem Hintergrund der Ausbeutung der Arbeitnehmer immer wieder darauf hingewiesen, dass auch die Wirtschaft gerade darin ihren Sinn hat, das Wohl aller Menschen zu fördern. Die Profitmaximierung ist kein Wert, sondern ein Mittel, um den *Wohlstand für alle* zu ermöglichen.

Im Laufe der Geschichte haben wir gelernt, dass hierfür die «unsichtbare Hand des Marktes» nicht ausreicht. Die Markt-Wirtschaft kann nur dann im Dienst des Gemeinwohls stehen, wenn eine gerechte, vom Staat garantierte Rahmenordnung besteht und die Moral der handelnden Personen intakt ist. Ordoliberale wie Wilhelm Röpke, Walter Eucken, Ludwig Erhard und Alfred Müller-Armack haben dies immer wieder betont. Sie haben damit aber auch ein grundlegendes Motiv von Adam Smith aufgegriffen. Ihnen war bewusst, dass die Wirtschaft ein Sachziel haben muss, nämlich den Dienst am Menschen. Sie waren überzeugt: Nur wenn die kreativen Kräfte der Marktwirtschaft von einer gerechten Rahmenordnung gezähmt werden, kann Wohlstand für alle geschaffen werden. Der höchstmögliche Wohlstand kann aber nicht das letzte Ziel sein. Lassen Sie mich in diesem Zusammenhang Oswald von Nell-Breuning zitieren: «Die Wirtschaft hat den Menschen ein Leben in menschlicher Würde zu ermöglichen und zu sichern. Dazu gehört, dass sie den Menschen gut reichlich versorgt, nicht aber, dass der Mensch zum Diener der grösstmöglichen Reichtumsvermehrung gemacht wird. Im *Vollzug* der Wirtschaft die Menschenwürde zu achten, ist wichtiger als seine Versorgung mit Unterhaltsmitteln auf das Höchstmass zu steigern.»[9]

Die zweite Frage lautete: Wie wirkt sich die Wirtschaft auf die in den ökonomischen Prozess involvierten Menschen aus? Es ist die Frage nach dem Personstatus der wirtschaftlich handelnden Unternehmer, Arbeitnehmer und Konsumenten.

Haben wir oben von der Freiheit gesprochen im Blick auf die Effizienz der Wirtschaft, so haben wir in diesem Abschnitt über Freiheit zu sprechen im Blick auf den Selbstvollzug des Menschen. Personale Entfaltung bedarf grundsätzlich der Freiheit. Es ist die Aufgabe des Staates, die Freiheit des Einzelnen zu garan-

---

9   Oswald von Nell-Breuning, *Wirtschaft und Gesellschaft heute*, Band 3, Freiburg i. Br. 1956, 100 f.

tieren. Er tut dies durch die Gewährleistung der Freiheitsrechte. Hier liegt aber auch eine Aufgabe der gesellschaftlichen Systeme. Auch die Wirtschaft muss ein Ort freiheitlicher Selbstbestimmung des Menschen sein. Von daher sind unternehmerische Freiheit, Konsumentensouveränität, freie Berufswahl und die Abkehr von jeder Form von Zwangsarbeit für die Sinngebung von Wirtschaft von zentraler Bedeutung. Dies wird allgemein anerkannt. Probleme entstehen, wenn es um die Stellung des Arbeitnehmers geht. Ist er im Sinne der Aussagen von Papst Johannes Paul II. in der Enzyklika *Laborem exercens* jemand, der in seiner Arbeit mehr Mensch werden und sich selbst im wirtschaftlichen Prozess verwirklichen soll? Oder erfährt er sich selbst als Objekt, als Entfremdeter, über den nur noch verfügt wird?[10] Man muss auf diesem Hintergrund die Zunahme prekärer Arbeitsverhältnisse kritisch begleiten. Die Effizienz einer Wirtschaft, die unter dem Stichwort Flexibilisierung der Arbeitsverhältnisse dadurch erkauft wird, dass ein Teil der Arbeitnehmerschaft zur Verfügungsmasse wird, dass ihm die Voraussetzungen für eine Lebensplanung entzogen werden, trägt nicht die Signatur einer *humanen* Effizienz.

Was wir an dieser Stelle über den freiheitlichen Selbstvollzug des Menschen überlegt haben, weist noch einmal auf den vorhergehenden Punkt zurück, auf die materielle Versorgung aller Gesellschaftsmitglieder. Wo eine materiell zufriedenstellende Versorgung nicht gegeben ist, wo Armut herrscht, sind Menschen zwar im formalen Sinne frei, aber sie können ihre garantierten Freiheiten faktisch nicht einlösen. Die freie Wahl der Ausbildung und des Berufs bleibt nur eine grundsätzliche, aber kaum einzulösende Option, wenn ihr nicht die faktischen finanziellen Voraussetzungen – sei es durch die Eltern, sei es durch Stipendien – zur Seite treten, um den Kindern eine den Begabungen entsprechende und diese fördernde Ausbildung zu sichern. An den materiellen Voraussetzungen entscheidet sich für viele, ob formale Freiheiten zu realen Freiheiten werden. In ähnlicher Weise unterscheidet Heinz Lampert zwischen formaler und materialer Freiheit. Als formale Freiheit definiert er «die Zusicherung und die Gewährleistung von Freiheitsrechten im System der Rechtsnormen einer Gesellschaft»[11]. Materiale Freiheit bedeutet «die faktische Möglichkeit, von Freiheitsrechten, z. B. dem Recht auf freie Berufswahl oder dem Recht auf den Erwerb von Bildung, Gebrauch zu machen»[12]. Lampert macht damit auf einen Zusammenhang aufmerksam, der bereits sehr früh in der bürgerlichen Epoche erkannt wurde,

---

10   Vgl. JOHANNES PAUL II., *Enzyklika «Laborem exercens»*, 14. September 1981, Nr. 9.

11   Heinz LAMPERT, *Freiheit als Ziel der Gesellschafts- und Wirtschaftspolitik in der Bundesrepublik Deutschland*, in: DERS. (Hg.), *Freiheit als zentraler Grundwert demokratischer Gesellschaften*, St. Ottilien 1992, 29 f.

12   Ebd.

nämlich dass die Garantie von Freiheitsrechten den Subjektstatus des Menschen noch nicht zu sichern vermag. So stellte bereits Lorenz von Stein fest: «Die Freiheit ist eine wirkliche erst in dem, der die Bedingungen derselben, die materiellen und geistigen Güter als die Voraussetzung der Selbstbestimmung, besitzt.»[13]

Die dritte für die Sinngebung der Wirtschaft entscheidende Frage ist: Sind die Menschen an den wirtschaftlichen Prozessen überhaupt beteiligt? Es ist die Frage nach der Integration oder Exklusion, also ob die Wirtschaft sozial integrierend oder desintegrierend wirkt. Eine Wirtschaft, die nicht ihren Beitrag leistet, dass Menschen an den wirtschaftlichen Prozessen der Produktion und Konsumtion beteiligt sind, verfehlt ihren Sinn. Was ihr Beitrag im Konkreten sein kann, mag durchaus begrenzt sein. Die Wirtschaft ist hier nicht zuletzt auf die Leistungsfähigkeit der Familien und des Bildungssystems angewiesen. Von daher versteht sich, dass sich Wirtschaftsverbände zunehmend den Bildungsfragen zuwenden. Und trotzdem: Die einzelnen Unternehmen und die Wirtschaft als Ganze haben hier nicht-delegierbare Aufgaben: durch Investitionen Arbeitsplätze zu schaffen, sich der beruflichen Ausbildung im dualen System nicht zu verweigern, der Fortbildung und Qualifizierung der Mitarbeiter Gewicht zu geben etc.

Zusammenfassend: Die Wirtschaft wird ihrer Sinngebung gerecht, wenn sie sich als Teil des gesellschaftlichen Geschehens begreift. Sätze wie «eine florierende Wirtschaft sei die beste Sozial- und Gesellschaftspolitik» treffen so nicht zu. Die wirtschaftliche Effizienz bildet die Basis einer humanen und gesellschaftlichen Effizienz. Die Wirtschaft leistet einen Beitrag zu einer befriedigenden, an ethisch-kulturellen Massstäben gemessen positiv zu bewertenden Gestaltung des sozialen Lebens. Weil dem so ist, werden auch die Massstäbe, ob die Wirtschaft ihrer Aufgabe gerecht wird, letztlich nicht aus der Wirtschaft selbst gewonnen werden können. Die Massstäbe werden vielmehr aus der Perspektive gelungenen menschlichen Lebens und Zusammenlebens gewonnen.

---

13   Zit. nach: Ernst-Wolfgang Böckenförde, *Freiheit* (Freiheit und Recht), in: Staatslexikon, Bd. 2, Freiburg i. Br. [7]1986, 704–709, 708.

Literaturverzeichnis

Carl AMERY, *Das Ende der Vorsehung*. Die gnadenlosen Folgen des Christentums, Hamburg 1980.

BENEDIKT XVI., *Enzyklika «Caritas in veritate»*, 29. Juni 2009.

Heinrich BEYER, *Textilstandort Ostdeutschland*. Zukunftsperspektiven für die Textil- und Bekleidungsindustrie in den neuen Bundesländern. Eine Tagung der Friedrich-Ebert-Stiftung am 16. Oktober 1992 in Cottbus, Brandenburg. Hg. v. Forschungsinstitut der Friedrich-Ebert-Stiftung, Abt. Wirtschaftspolitik. Bonn 1992.

Wirtschaftsmagazin BILANZ, Nr. 21/2008, 5. Dezember 2008. Online unter http://www.bilanz.ch/edition/artikel.asp?AssetID=5698 (14.01.2010).

Charles B. BLANKART, *Aufwertung der Ostmark um 400 Prozent?*, in: Frankfurter Allgemeine Zeitung Nr. 60 vom 23. März 1990, 12.

Charles B. BLANKART, *Föderalismus in Deutschland und in Europa*, Baden-Baden 2007.

Gerold BLÜMLE/Nils GOLDSCHMIDT, *Sozialpolitik mit dem Markt*. Sozialstaatliche Begründung und wirtschaftliche Ordnung, in: Die Neue Ordnung 58 (2004), 180–193.

Ernst-Wolfgang BÖCKENFÖRDE, *Freiheit* (Freiheit und Recht), in: Staatslexikon, Bd. 2, Freiburg i. Br. [7]1986, 704–709.

Pierre BOURDIEU, *Die feinen Unterschiede*, Frankfurt a. M. 1982.

BUNDESMINISTERIUM FÜR ARBEIT UND SOZIALES, *Der 3. Armuts- und Reichtumsbericht der Bundesregierung*, Berlin 2008.

Andreas BUSCH, *Die Krise auf den Finanzmärkten*. Eine Ursachenanalyse, in: Zeitschrift für Evangelische Ethik, (2009) 2, 120–132.

Birgit BÜTOW/Karl August CHASSÉ/Rainer HIRT (Hg.), *Soziale Arbeit nach dem Sozialpädagogischen Jahrhundert*. Positionsbestimmungen Sozialer Arbeit im Post-Wohlfahrtsstaat, Opladen 2007.

Erwin CARIGIET/Ueli MÄDER/Michael OPIELKA/Frank SCHULZ-NIESWANDT (Hg.), *Wohlstand durch Gerechtigkeit*, Zürich 2006.

CARITAS SCHWEIZ (Hg.), *Prekäre Arbeitsverhältnisse in der Schweiz*. Ein Positionspapier, Luzern 2001.

CREDIT SUISSE (Hg.), *Das verfügbare Einkommen in der Schweiz*, Zürich, November 2008.

Deutschland, einig Vaterland. 60 Jahre. Eine Zeitreise deutscher Geschichte von 1949–2009, http://web.me.com/weltbuch/WELTBUCH_VERLAG/Sohn_files/Expose%CC%81%2060J%20D.pdf (14.01.2010).

Richard EELLS, *The Meaning of Modern Business*. An Introduction to the Philosophy of Large Corporate Enterprise, New York 1960.

Ludwig ERHARD, *Freiheit und Verantwortung* [1961], wieder abgedruckt in: DERS., *Deutsche Wirtschaftspolitik*. Der Weg der Sozialen Marktwirtschaft, Düsseldorf/Wien/Frankfurt a. M. 1992, 588–595.

Ludwig ERHARD, *Maßhalten!* Rundfunkansprache, 21. März 1962, wieder abgedruckt in: DERS., *Gedanken aus fünf Jahrzehnten*. Reden und Schriften, Düsseldorf/Wien/New York 1988, 729–737.

Ludwig ERHARD, *Wirtschaftspolitik als Teil der Gesellschaftspolitik* [1960], wieder abgedruckt in: DERS., *Deutsche Wirtschaftspolitik*. Der Weg der Sozialen Marktwirtschaft, Düsseldorf/Wien/Frankfurt a. M. 1992, 476–491.

Ludwig ERHARD, *Wohlstand für alle*, Düsseldorf 2000 ([1]1957).

Walter EUCKEN, *Die Grundlagen der Nationalökonomie*, Berlin u. a. 1989 ([1]1940).

Walter EUCKEN, *Grundsätze der Wirtschaftspolitik*, Tübingen 2004 ([1]1952).

Walter EUCKEN, *Religion – Wirtschaft – Staat*. Zur Problematik des Gegenwartsmenschen, in: Die Tatwelt 8 (1932) 82–89.

Francis FUKUYAMA, *The end of history and the last man*, New York 1992.

Hans-Helmuth GANDER/Nils GOLDSCHMIDT/Uwe DATHE (Hg.), *Phänomenologie und die Ordnung der Wirtschaft*. Edmund Husserl – Rudolf Eucken – Walter Eucken – Michel Foucault, Würzburg 2009.

Nils GOLDSCHMIDT, *Der Brückenschlag zum Markt*. Das wirtschaftspolitische Erbe von Papst Johannes Paul II., in: Frankfurter Allgemeine Zeitung vom 16. April 2005, 15.

Nils GOLDSCHMIDT, *Zur Einführung: Wirtschafts- und Sozialordnung* (1943), in: Nils GOLDSCHMIDT/Michael WOHLGEMUTH (Hg.), *Grundtexte zur Freiburger Tradition der Ordnungsökonomik*, Tübingen 2008, 91–198.

Nils GOLDSCHMIDT, *Entstehung und Vermächtnis ordoliberalen Denkens*. Walter Eucken und die Notwendigkeit einer kulturellen Ökonomik, Münster 2002.

Nils GOLDSCHMIDT, *Die Geburt der Sozialen Marktwirtschaft aus dem Geiste der Religion – Walter Eucken und das soziale Anliegen des Neoliberalismus*, in: Michael S. ASSLÄNDER/Peter ULRICH (Hg.), *60 Jahre Soziale Marktwirtschaft. Illusionen und Reinterpretationen einer ordnungspolitischen Integrationsformel*, Bern/Stuttgart/Wien 2009, 27–44.

Nils GOLDSCHMIDT, *Christlicher Glaube, Wirtschaftstheorie und Praxisbezug. Walter Eucken und die Anlage 4 der Denkschrift des Freiburger Bonhoeffer-Kreises*, in: Historisch-Politische Mitteilungen 5 (1998), 33–48.

Nils GOLDSCHMIDT/Ursula NOTHELLE-WILDFEUER (Hg.), *Christliche Gesellschaftslehre und Freiburger Schule. Zur Aktualität des Denkens von Joseph Kardinal Höffner*, Tübingen 2010.

Nils GOLDSCHMIDT/Michael WOHLGEMUTH (Hg.), *Grundtexte zur Freiburger Tradition der Ordnungsökonomik*, Tübingen 2008.

Nils GOLDSCHMIDT, *Liberalismus als Kulturideal. Wilhelm Röpke und die kulturelle Ökonomik*, in: Heinz RIETER/Joachim ZWEYNERT (Hg.), *«Wort und Wirkung». Wilhelm Röpkes Bedeutung für die Gegenwart*, Marburg 2009, 67–82.

Nils GOLDSCHMIDT/Michael WOHLGEMUTH, *Social Market Economy: origins, meanings and interpretations*, in: Constitutional Political Economy 19 (2008), 261–276.

Volker HAUFF (Hg.), *Unsere gemeinsame Zukunft. Der Brundtland-Bericht der Weltkommission für Umwelt und Entwicklung*, Greven 1987.

Volker HENTSCHEL, *Ludwig Erhard. Ein Politikerleben*, München/Landsberg am Lech 1996.

Karl HOHMANN (Hg.), *Ludwig Erhard. Erbe und Auftrag. Aussagen und Zeugnisse*, Düsseldorf/Wien 1977.

Edmund HUSSERL, *Logische Untersuchungen. Erster Band: Prolegomena zur reinen Logik* (Text nach Husserliana XVIII), Hamburg 1992 (Erstveröffentlichung 1900).

INITIATIVE NEUE SOZIALE MARKTWIRTSCHAFT, *Ludwig Erhard zur Sozialen Marktwirtschaft*, http://www.ludwig-erhard-insm.de/ludwig-erhard-zur-sozialenmarktwirtschaft/ (14.01.2010).

JOHANNES XXIII., *Enzyklika «Mater et Magistra»*, 15. Mai 1961.

JOHANNES PAUL II., *Enzyklika «Centesimus annus»*, 1. Mai 1991.

JOHANNES PAUL II., *Enzyklika «Laborem exercens»*, 14. September 1981.

JOHANNES PAUL II., *Enzyklika «Sollicitudo rei socialis»*, 30. Dezember 1987.

Heiner KEUPP, *Identitätskonstruktionen*, Hamburg ²2002.

Hans KISSLING, *Reichtum ohne Leistung. Die Feudalisierung der Schweiz*, Zürich 2008.

Rainer KLUMP, *Wege zur Sozialen Marktwirtschaft – Die Entwicklung ordnungspolitischer Konzeptionen in Deutschland vor der Währungsreform*, in: Erich W. STREISSLER (Hg.), *Studien zur Entwicklung der ökonomischen Theorie XVI*, Berlin 1997, 129–160.

Wilhelm KORFF, Art. *Verantwortungsethik*, in: Lexikon für Theologie und Kirche, Bd. 10, hg. von Walter Kasper u. a., Freiburg i. Br. ³2001, 600.

Wilhelm KORFF, *Wandlungen im Verständnis der Arbeit aus der Sicht der christlichen Soziallehre*, in: Venanz SCHUBERT (Hg.), *Wissenschaft und Philosophie*, Bd. 3: Der Mensch und seine Arbeit, St. Ottilien 1986, 213–254.

Hans KÜNG, *Weltethos und Weltwirtschaft*, München/Zürich 1997.

Stefan KUTZNER/Ueli MÄDER/Carlo KNÖPFEL/Claudia HEINZMANN/Daniel PAKOCI, *Sozialhilfe in der Schweiz*, Zürich 2009.

Heinz LAMPERT, *Freiheit als Ziel der Gesellschafts- und Wirtschaftspolitik in der Bundesrepublik Deutschland*, in: DERS. (Hg.), *Freiheit als zentraler Grundwert demokratischer Gesellschaften*, St. Ottilien 1992, 19–48.

Jürgen LANGE-VON KULESSA/Andreas RENNER, *Die Soziale Marktwirtschaft Alfred Müller-Armacks und der Ordoliberalismus der Freiburger Schule – Zur Unvereinbarkeit zweier Staatsauffassungen*, in: ORDO 49 (1998), 79–104.

Kurt J. LAUK (Hg.), *Was würde Ludwig Erhard heute sagen?*, Stuttgart/Leipzig 2007.

Hans Otto LENEL, *Walter Euckens Briefe an Alexander Rüstow*, in: ORDO 42 (1991) 11–14.

Bernhard LÖFFLER, *Religiöses Weltbild und Wirtschaftsordnung*. Zum Einfluss christlicher Werte auf die Soziale Marktwirtschaft, in: Hans ZEHETMAIR (Hg.), *Politik aus christlicher Verantwortung*, Wiesbaden 2007, 110–124.

Angus MADDISON, *The World Economy*: A Millennian Perspective, Development Centre Studies, Paris (OECD) 2002.

Ueli MÄDER, *Subsidiarität und Solidarität*, Bern 2000.

Ueli MÄDER/Franziska BIEDERMANN/Barbara FISCHER/Hector SCHMASSMANN, *Armut im Kanton Basel-Stadt*. Social Strategies, Basel 1991.

Ueli MÄDER/Elisa STREULI, *Reichtum in der Schweiz*, Zürich 2002.

Donella MEADOWS/Dennis L. MEADOWS/Jørgen RANDERS/William W. BEHRENS III, *Die Grenzen des Wachstums – Bericht des Club of Rome zur Lage der Menschheit*, München 1972.

Angela MERKEL, *Rede anlässlich der Initiative Neue Soziale Marktwirtschaft*, Berlin, 2.6.2009. http://www.bundesregierung.de/Content/DE/Rede/2009/06/2009-06-02-merkel-insm.html (14.01.2010).

Edgar MOST, *Fünfzig Jahre im Auftrag des Kapitals*, Berlin 2009.

Alfred MÜLLER-ARMACK, *Genealogie der Sozialen Marktwirtschaft*, Bern/Stuttgart 1981.

Alfred MÜLLER-ARMACK, *Die heutige Gesellschaft nach evangelischem Verständnis.* Diagnose und Vorschläge zu ihrer Gestaltung [1950], wieder abgedruckt in: DERS., *Genealogie der Sozialen Marktwirtschaft*, Bern/Stuttgart 1981, 113–122.

Alfred MÜLLER-ARMACK, *Das Jahrhundert ohne Gott.* Zur Kultursoziologie unserer Zeit [1948], wieder abgedruckt in: DERS., *Religion und Wirtschaft*, Bern/Stuttgart 1981, 371–512.

Alfred MÜLLER-ARMACK, *Der Moralist und der Ökonom.* Zur Frage der Humanisierung der Wirtschaft [1969], wieder abgedruckt in: DERS., *Genealogie der Sozialen Marktwirtschaft*, Bern/Stuttgart 1981, 123–140.

Alfred MÜLLER-ARMACK, *Soziale Irenik* [1950], wieder abgedruckt in: DERS., *Religion und Wirtschaft*, Bern/Stuttgart 1981, 559–578.

Alfred MÜLLER-ARMACK, *Die Soziale Marktwirtschaft als Friedensordnung* [1972], wieder abgedruckt in: DERS.: *Genealogie der Sozialen Marktwirtschaft*, Bern/Stuttgart 1981, 161–166.

Alfred MÜLLER-ARMACK, *Stil und Ordnung der Marktwirtschaft* [1952], wieder abgedruckt in: DERS., *Wirtschaftsordnung und Wirtschaftspolitik*, Bern/Stuttgart 1976, 231–242.

Alfred MÜLLER-ARMACK, *Wirtschaftslenkung und Marktwirtschaft* [1947], wieder abgedruckt in: DERS., *Wirtschaftsordnung und Wirtschaftspolitik*, Bern/Stuttgart 1976, 19–170.

Alfred MÜLLER-ARMACK, *Wirtschaftspolitik als Beruf* [1969], wieder abgedruckt in: Jürgen SCHNEIDER/Wolfgang HARBRECHT (Hg.), *Wirtschaftsordnung und Wirtschaftspolitik in Deutschland (1933–1993)* (Beiträge zur Wirtschafts- und Sozialgeschichte ; 63), Stuttgart 1996, 283–301.

Hans J. MÜNK, *Gottes Anspruch und die ökologische Verantwortung des Menschen.* Gott, Mensch und Natur in neuen Beiträgen zum Schöpfungsverständnis und die Frage einer umweltethischen Grundkonzeption, in: Klaus ARNTZ/Peter SCHALLENBERG (Hg.), *Ethik zwischen Anspruch und Zuspruch.* Gottesfrage und Menschenbild in der katholischen Moraltheologie, Fribourg 1996, 107–121.

Hans J. MÜNK, *«Starke» oder «schwache» Nachhaltigkeit?* Theologisch-ethische Überlegungen zur ökologischen Grundkomponente des Sustainability-Leitbilds, in: Zeitschrift für Evangelische Ethik (1999) 4, 277–293.

Hans J. MÜNK, *Umweltkrise – Folge und Erbe des Christentums?* Historisch-systematische Überlegungen zu einer umstrittenen These im Vorfeld ökologischer Ethik, in: Jahrbuch für Christliche Sozialwissenschaften 28 (1987), 148–158.

Hans J. Münk, *Die Würde des Menschen und die Würde der Natur.* Theologisch-ethische Überlegungen zur Grundkonzeption einer ökologischen Ethik, in: Stimmen der Zeit (1997) 1, 17–29.

Egon Edgar Nawroth, *Die Sozial- und Wirtschaftsphilosophie des Neoliberalismus,* Löwen/Heidelberg 1961.

OECD, *Le commerce, l'emploi et les normes de travail fondamentaux des travailleurs et l'échange international,* Paris 1996.

OECD (Hg.), *Growing Unequal?* Income Distribution and Poverty in OECD Countries, Paris, Oktober 2008.

Michael Opielka, *Sozialpolitik,* Reinbek 2004.

Walter Oswalt, *Liberale Opposition gegen den NS-Staat.* Zur Entwicklung von Walter Euckens Sozialtheorie, in: Nils Goldschmidt (Hg.), *Wirtschaft, Politik und Freiheit.* Freiburger Wirtschaftswissenschaftler und der Widerstand, Tübingen 2005, 315–353.

Tim Petersen, *Wilhelm Röpke und die Katholische Soziallehre,* HWWI Research Paper 5-5 der Zweigniederlassung Thüringen, 2008.

Friedrun Quaas, *Alfred Müller-Armacks Idee der «Sozialen Irenik» und ihre Anwendungsmöglichkeiten,* in: Rolf H. Hasse/Friedrun Quaas (Hg.), *Wirtschaftsordnung und Gesellschaftskonzept.* Zur Integrationskraft der Sozialen Marktwirtschaft, Bern/Stuttgart/Wien 2002, 207–225.

Anton Rauscher, *Katholische Soziallehre und Soziale Marktwirtschaft,* in: Anton Rauscher (Hg.), *Handbuch der Katholischen Soziallehre,* Berlin 2008, 539–548.

Richard Reichel, *Soziale Marktwirtschaft,* Sozialstaat und liberale Wirtschaftsordnung, in: Aufklärung und Kritik, Sonderheft 2, 1998.

Heinz Rieter/Joachim Zweynert (Hg.), *«Wort und Wirkung».* Wilhelm Röpkes Bedeutung für die Gegenwart, Marburg 2009.

Wilhelm Röpke, *Briefe 1934–1966.* Der innere Kompass, Erlenbach-Zürich 1976.

Wilhelm Röpke, *Civitas humana.* Grundfragen der Gesellschafts- und Wirtschaftsreform, Bern/Stuttgart 1979 ([1]1944).

Wilhelm Röpke, *Die Enzyklika «Mater et Magistra» in marktwirtschaftlicher Sicht,* wieder abgedruckt in: ders.: *Wort und Wirkung,* Ludwigsburg 1964, 310–328.

Wilhelm Röpke, *Fronten der Freiheit, Wirtschaft – Internationale Ordnung – Politik.* Eine Auslese aus dem Gesamtwerk v. Grete Schleicher, hg. u. eingel. v. Hans Otto Wesemann, Stuttgart-Degerloch [2]1965.

Wilhelm Röpke, *Die Gesellschaftskrisis der Gegenwart,* Bern/Stuttgart 1979 ([1]1942).

Wilhelm RÖPKE, *Jenseits von Angebot und Nachfrage*, Bern/Stuttgart 1979 ([1]1958).

Alexander RÜSTOW, *Paläoliberalismus, Kollektivismus und Neoliberalismus in der Wirtschafts- und Sozialordnung*, in: Karl FORSTER (Hg.), *Christentum und Liberalismus*, München 1960, 149–178.

Xavier SALA-I-MARTIN, *The Disturbing «Rise» of Global Income Inequality*, National Bureau of Economic Research, Cambridge Mass. 2002.

Bertram SCHEFOLD, *Vom Interventionsstaat zur Sozialen Marktwirtschaft*. Der Weg Alfred Müller-Armacks, in: Rolf H. HASSE/Friedrun QUAAS (Hg.), *Wirtschaftsordung und Gesellschaftskonzept*. Zur Integrationskraft der Sozialen Marktwirtschaft, Bern/Stuttgart/Wien 2002, 47–87.

Cornelia SCHMERGAL, *Deutsche Wirtschaftsordnung*: Ersonnen hinter Klostermauern, http://www.wiwo.de/politik/deutsche-wirtschaftsordnung-ersonnen-hinter-klostermauern-297838/ (11.08.2009).

Rudolf SCHNACKENBURG, *Die sittliche Botschaft des Neuen Testaments*. Von Jesus zur Urkirche, Bd. 1, Freiburg i. Br. 1986.

Gerlinde SINN/Hans-Werner SINN, *Kaltstart*. Volkswirtschaftliche Aspekte der deutschen Vereinigung, Tübingen [2]1992.

Adam SMITH, *Untersuchung über Wesen und Ursachen des Reichtums der Völker*, Tübingen 2005 [Originalausgabe *The Wealth of Nations*, 1776].

Adam SMITH, *Der Wohlstand der Nationen*, München (1789) 1974.

Ulrich THIELEMANN, *Zurück zur Moral*, Tagesanzeiger-Magazin Nr. 17, 25.4.09, 12–18.

Norbert TRIPPEN, *Joseph Kardinal Höffner (1906–1987)*. Band I: Lebensweg und Wirken als christlicher Sozialwissenschaftler bis 1962, Paderborn 2009.

Viktor VANBERG, *Soziale Sicherheit. Müller-Armacks «Soziale Irenik» und die ordoliberale Perspektive*, in: Rolf H. HASSE/Friedrun QUAAS (Hg.), *Wirtschaftsordung und Gesellschaftskonzept*. Zur Integrationskraft der Sozialen Marktwirtschaft, Bern/Stuttgart/Wien 2002, 227–260.

Constantin VON DIETZE/Walter EUCKEN/Adolf LAMPE, *Wirtschafts- und Sozialordnung* [1943], wieder abgedruckt in: Nils GOLDSCHMIDT/Michael WOHLGEMUTH (Hg.), *Grundtexte zur Freiburger Tradition der Ordnungsökonomik*, Tübingen 2008, 99–115.

Johann Wolfgang VON GOETHE, *Autobiographische Schriften*, Bd. IV, Berlin/Weimar 1964.

Oswald VON NELL-BREUNING, *Wirtschaft*, in: Oswald VON NELL-BREUNING/Hermann SACHER (Hg.), *Zur Wirtschaftsordnung* (Beiträge zu einem Wörterbuch der Politik, Heft 4), Freiburg i. Br. [3]1958, 2–24.

Oswald VON NELL-BREUNING, *Wirtschaft und Gesellschaft heute*, Band 3, Freiburg i. Br. 1956.

Oswald VON NELL-BREUNING, *Wirtschaftsethik*, in: Oswald VON NELL-BREUNING/Hermann SACHER (Hg.), *Zur Wirtschaftsordnung* (Beiträge zu einem Wörterbuch der Politik, Heft 4), Freiburg i. Br. ³1958, 271–280.

Oswald VON NELL-BREUNING, *Wirtschaftsphilosophie*, in: Oswald VON NELL-BREUNING/Hermann SACHER (Hg.), *Zur Wirtschaftsordnung* (Beiträge zu einem Wörterbuch der Politik, Heft 4), Freiburg i. Br. ³1958, 269–272.

Stephan WIRZ, *Erfolg und Moral in der Unternehmensführung*. Eine ethische Orientierungshilfe im Umgang mit Managementtrends, Frankfurt a. M. 2007.

Peter WITTERAUF, *Die internationale Finanzkrise – Ursachen, Auswirkungen und Konsequenzen*, in: Argumentation kompakt (hg. von der Hanns-Seidel-Stiftung), 13.10.2008.

Helge WULSDORF, *Nachhaltigkeit*. Ein christlicher Grundauftrag in einer globalisierten Welt, Regensburg 2005.

Kurt WYSS, *Workfare*. Sozialstaatliche Repression im Dienst des globalisierten Kapitalismus, Zürich 2007.

ZWEITES VATIKANISCHES KONZIL, Die *pastorale Konstitution über die Kirche in der Welt von heute «Gaudium et spes»*, 7. Dezember 1965.

Joachim ZWEYNERT, *Wirtschaftskultur, Transformation und ökonomische Ordnung in Rußland*. «Ganzheitliche Marktwirtschaft» als irenische Formel?, in: Gerold BLÜMLE/Nils GOLDSCHMIDT/Rainer KLUMP/Bernd SCHAUENBERG/Harro VON SENGER (Hg.), *Perspektiven einer kulturellen Ökonomik* (Kulturelle Ökonomik ; 1), Münster 2004, 471–487.

Autorenverzeichnis

Alois Baumgartner, em. Prof. Dr. theol., Jahrgang 1941, Professor für Christliche Sozialethik an der Ludwig-Maximilians-Universität München.

Charles B. Blankart, Prof. Dr. rer. pol., Jahrgang 1942, Professor für Öffentliche Finanzen an der Humboldt-Universität Berlin.

Franz Blankart, Prof. Dr. phil., Jahrgang 1936, Staatssekretär a. D., em. assoziierter Professor am Institut de hautes études internationales et du développement, Genf.

Nils Goldschmidt, Prof. Dr. rer. pol., Dipl. Theol., Jahrgang 1970, Vertretungsprofessur für Sozialpolitik und Organisation Sozialer Dienstleistungen an der Universität der Bundeswehr München, Forschungsreferent am Walter Eucken-Institut, Freiburg i. Br.

Philipp W. Hildmann, Dr. phil., Jahrgang 1973, Leiter des Büros für Vorstandsangelegenheiten und politische Grundsatzfragen der Hanns-Seidel-Stiftung, München.

Ueli Mäder, Prof. Dr. phil., Jahrgang 1951, Professor für Soziologie an der Universität Basel.

Theo Waigel, Dr. iur., Jahrgang 1939, Bundesminister der Finanzen a. D. der Bundesrepublik Deutschland, Rechtsanwalt, München.

Stephan Wirz, PD Dr. theol., Dipl. sc. pol. Univ., Jahrgang 1959, Studienleiter der Paulus-Akademie Zürich, Privatdozent für Theologische Ethik sowie Lehr- und Forschungsbeauftragter am Zentrum Religion, Wirtschaft, Politik der Universität Luzern.